Creatief analytisch denken

Youssef Azghari

Creatief analytisch denken

Omgaan met diversiteit in de sociale dienstverlening

uitgeverij **boom/nelissen**

Copyright: © Uitgeverij Boom Nelissen, Amsterdam & Youssef Azghari, 2011
Omslagbeeld: fotografie/mixed media Serge Mendjisky (www.mendjisky.com), Wanrooij Gallery, Arnhem (www.wanrooijgallery.com)
Omslagontwerp: Boekhorst design, Culemborg
Binnenwerk: The DocWorkers, Almere
Redactie: Erik Berends, Abcoude
ISBN: 97890244 01246
NUR: 812/740
1ᵉ druk: 2011

ALLE RECHTEN VOORBEHOUDEN
Behoudens de in of krachtens de Auteurswet van 1912 gestelde uitzonderingen mag niets uit deze uitgave worden verveelvoudigd, opgeslagen in een geautomatiseerd gegevensbestand, of openbaar gemaakt, in enige vorm of op enige wijze, hetzij elektronisch, mechanisch, door fotokopieën, opnamen, of enig andere manier, zonder voorafgaande schriftelijke toestemming van de uitgever.

Voor zover het maken van reprografische verveelvoudigingen uit deze uitgave is toegestaan op grond van artikel 16h Auteurswet 1912, dient men de daarvoor wettelijk verschuldigde vergoedingen te voldoen aan de Stichting Reprorecht (Postbus 3051, 2130 KB Hoofddorp, www.reprorecht.nl). Voor het overnemen van gedeelte(n) uit deze uitgave in bloemlezingen, readers en andere compilatiewerken (artikel 16 Auteurswet 1912) kan men zich wenden tot de Stichting PRO (Stichting Publicatie- en Reproductierechten Organisatie, Postbus 3060, 2130 KB Hoofddorp, www.cedar.nl/pro).

www.boomnelissen.nl

Met veel trots draag ik het boek op aan ons zoontje Dean Nour-E-Dean.

Hij is vier jaar en gaat naar school. Geen brug is hem te ver; hij klimt, glijdt en springt. Dean is een dubbelbloed, eet thuis dadels met kaas; families in Marokko en Nederland omhelzen hem, vaak innig. Twee temperamenten trekken aan hem, soms vinnig, maar hij blijft er koel onder, vecht terug. Want Dean is niet bang voor spoken, zwart of wit, elke hokjesgeest die hij ontmoet. Treedt hij hen vriendelijk tegemoet, kleurt hun gezicht rood. Hij laat ze Nour, het licht, zien met: 'Ik ben Dean!'

Breekt oesters open, vernietigt vooroordelen met een glimlach. Schopt tegen de wereldbol als een bal in zijn speeltuin, van Havana tot Aqaba. Ieder die hem ziet, raakt verblind door zijn ogen, oost en west. Wij zijn thuis best gelukkig met deze kleine superheld.

Inhoud

Voorwoord 9

Voor wie is het boek bedoeld? 15

Opbouw van het boek 17

Hoofdstuk 1   De essentie van het creatief denken en analytisch denken 19

Hoofdstuk 2   Omgaan met diversiteit in de sociale dienstverlening 25
2.1   Contact maken en omgaan met verschillen 30
2.2   Analytisch en creatief denken: twee wegen naar de top 32
2.3   Kenmerken van creatief en analytisch denken 35
2.4   Het fenomeen denken 39
2.5   Het denkproces 40
2.6   Denken is communiceren 43

Hoofdstuk 3   Creatief denken en analytisch denken in de praktijk 47
3.1   Reflecteren is analytisch denken 49
3.2   Creatief denken kent geen grenzen 54
3.3   Creatief en analytisch denken integreren is duurzaam contact maken 59
    Analytisch denken 59
    Creatief denken 60
    De vier spelvormen 61

3.4	Creatief analytisch denken toepassen en omgaan met verschillen	63
3.5	De kracht van het creatief en analytisch denken	68

Hoofdstuk 4   Oefenen in creatief analytisch denken 71
4.1   Tips voor creatief analytisch denken   71
4.2   Oefeningen met metaforen   73
4.3   Toelichting op de oefeningen   76
4.4   Acht oefeningen   77
      Deel 1 De Boom (interpreteren en fantaseren)   *77*
      Deel 2 De Reis (voelen en associëren)   *81*
      Deel 3 De Grot (bewust worden en filosoferen)   *84*
      Deel 4 De Kaart (emoties herkennen en uitbeelden vragen)   *91*

Terugblik   95

Bijlage 1   Mimoun en de koning   97

Bijlage 2   Mendjisky laat de skyline van de grote stad op zijn grondvesten trillen   121

Literatuur   123

Voorwoord

Grote mensen houden van cijfers. Wanneer je hun vertelt van een nieuwe vriend, vragen ze nooit het belangrijkste. Ze zeggen nooit: 'Hoe klinkt zijn stem? Van welke spelletjes houdt hij het meest? Verzamelt hij vlinders?' Maar ze vragen: 'Hoe oud is hij? Hoeveel weegt hij? Hoeveel broertjes heeft hij? En hoeveel verdient zijn vader?' Dan pas vinden ze dat ze hem kennen.

Dit fragment uit het beroemde verhaal *De kleine prins* van de Franse piloot en schrijver Antoine de Saint-Exupéry verwoordt in een notendop de boodschap van mijn boek. De ander in cijfers proberen te vangen leidt zelden tot verdieping van enig contact. Daarvoor is de kwantitatieve kennis die vergaard wordt meestal te oppervlakkig. Dat geldt zeker in de sociale sector, in het bijzonder in de dienstverlening, waar de menselijke maat idealiter de boventoon zou moeten voeren en omgang met diversiteit een gegeven is. Daarbij is het persoonlijk contact tussen professional en klant of cliënt onontbeerlijk voor het slagen van welke interventie dan ook.

Dit boek geeft antwoord op de vraag hoe professionals in de dienstverlening, werkzaam in de sociale sector, in deze veelkleurige samenleving beter contact kunnen maken en beter kunnen omgaan met diversiteit. Dit doen we door een nieuwe denkmanier te demonstreren die leidt tot beter omgaan met verschillen: *het creatief analytisch denken*.

In dit boek laten we middels praktijkvoorbeelden zien hoe contact maken en omgaan met verschillen beter kan door een brug te slaan tussen het creatief denken en het analytisch denken. Daarbij nodig ik telkens de lezer uit om deze voorbeelden te vergelijken met en te vertalen naar de eigen praktijk. De hier gebruikte casussen en citaten, die voor het merendeel zijn ingebracht door sociale professionals, zijn enerzijds bedoeld ter illustratie en anderzijds ter inspiratie. Waar het uiteindelijk om gaat, is om aan de slag te gaan met de eigen (werk)ervaringen. Het mes snijdt aan twee kanten: de inzichten die de lezer opdoet in dit boek past hij of zij direct toe op de eigen voorbeelden die hij of zij (her)kent in de eigen praktijk.

Om het creatief analytisch denken helder te maken putten we uit de vele praktijkvoorbeelden op het gebied van (culturele) diversiteit in de sociale sector. Dit biedt ons een duidelijk afgebakend kader om van daaruit ons creatief analytisch denken verder te ontwikkelen. Het gaat daarbij om professionals en klanten of cliënten, met verschillende culturele achtergronden, die met elkaar in contact (willen) komen. Vandaar de ondertitel *Omgaan met diversiteit in de sociale dienstverlening*. Dit slaat dus niet alleen op een brug tussen twee soorten denken en op welke wijze dat geïntegreerd kan plaatsvinden. Het heeft ook betrekking op ontmoetingen tussen mensen die achterhalen waarin ze zoal van elkaar verschillen en elkaar uitnodigen denkbeelden uit te wisselen om *dichter* tot elkaar te komen.

De bedoeling is dus níet per se om verschillen glad te strijken of helemaal te overbruggen totdat er geen sprake meer is van enig verschil. Integendeel, door de verschillen juist te koesteren is het ideaal telkens: via een dialoog het bereiken van een evenwichtige integratie van een gezamenlijk gedragen basis van uitgangspunten, waarden, codes en doelen om een gegeven vraagstuk aan te pakken, wat in het belang is van de twee partijen, bestaande uit minimaal twee gesprekspartners. Het is nodig verschillen tussen mensen te bespreken en uit te wisselen om te weten wat men van elkaar kan verwachten: wat men gelooft, hoe men met elkaar wil omgaan en wat men concreet nastreeft. Ook zij zullen – hoe groot de verschillen ook mogen zijn – manieren willen vinden waarop ze beter met elkaar kunnen omgaan.

Het idee om dit boek te schrijven is mede ingegeven door mijn betrokkenheid bij de Academische Werkplaats Diversiteit in het Jeugdbeleid in Brabant. In deze werkplaats, die mogelijk is gemaakt met financiële middelen van ZonMw, heb ik sinds begin 2010 geparticipeerd vanuit Avans Hogeschool. Dit boek levert een concrete bijdrage aan de methodiekontwikkeling en draagt op een creatieve wijze bij aan de overkoepelende vraag van de Academische Werkplaats: 'Hoe ga je om met diversiteit in het jeugdbeleid?' Het doel is om het communicatief en professioneel handelen van veelal agogen, vooral in contact met de jeugd uit de kwetsbare groepen, te verbeteren. Zo kunnen de ontwikkelkansen worden vergroot van deze groepen met meestal een migrantenachtergrond, de niet-westerse allochtonen.

Dat veel professionals in de zorg en welzijn behoefte hebben aan het vergroten van hun intercultureel vakmanschap bleek nogmaals onderstreept tijdens het congres over het thema 'jeugd en diversiteit' dat de Academische Werkplaats organiseerde in oktober 2010. Ruim honderd professionals deden in Eindhoven mee vanuit uiteenlopende werkdisciplines en volgden diverse workshops.

Het leerwerktraject 'Hoe ga je om met diversiteit?' startte in maart 2011 vanuit de Academische Werkplaats met twaalf professionals, die werkzaam zijn in Tilburg bij de Twern en Kompaan en de Bocht en in Eindhoven bij Lumens Groep en Combinatie Jeugdzorg. Centraal daarin stonden het ontwikkelen van intercultureel vakmanschap en het vergroten van hun interculturele competenties. Bij het verzorgen van een aantal workshops heb ik veel gebruikgemaakt van materiaal voor dit boek en daarbij heb ik steeds weer nieuwe inspiratie opgedaan.

Zo heb ik bij het eerste contact een oefening gebruikt die in dit boek terecht is gekomen. De deelnemers mochten aan elkaar slechts één vraag stellen om een zo goed mogelijke indruk te krijgen van de ander. De ander had de taak om een spontaan antwoord te geven. Dit gaf onder andere een inkijkje in de soorten vragen die deze sociale professionals belangrijk blijken te vinden bij de eerste ontmoeting. Het merendeel stelde een standaardvraag, waarop een standaardantwoord volgde. Dat is meestal een vraag die we uit gewoonte stellen zonder erbij na te denken, zoals: waar werk je, welke taken verricht je en hoe lang werk je?

Slechts een enkeling durfde hiervan af te wijken door een vraag te stellen die we 'normaal' niet gewend zijn te stellen bij de eerste keer, zoals: wat is je lievelingskleur? Zo'n onverwachte vraag prikkelt bij de ander direct de creatieve geest. In dit geval hoorden we *hoe* de keuze voor een lievelingskleur het werk beïnvloedde van de antwoordgever. Zijn antwoord was:

> 'Mijn lievelingskleuren zijn blauw en rood. Blauw staat voor helderheid, verstand, horizon en vrijheid. Rood staat voor verbinding, liefde, genegenheid en warmte. Allebei hebben ze invloed op mij als mens en professional. Blauw nodigt me uit om altijd de horizon te verkennen, verder te kijken, daarboven in de lucht, en met rood geef ik aandacht aan wat mij dierbaar is, heel dicht bij mij.'

Bovendien voorkomt het niet meteen stellen van standaardvragen dat we verzanden in het zoveelste standaardgesprek waarbij we niet verder doordringen dan de eerste buitenste schil. Bij het ontwikkelen van intercultureel vakmanschap is het streven altijd geweest hoe je op een zorgvuldige en creatieve manier ervoor zorgt dat vooral de jeugd uit kwetsbare groepen vaker vrijwillig een beroep doet op de preventieve hulpverlening en minder gedwongen belandt in de curatieve hulpverlening of zorg. Daarvoor is het nodig dat je doordringt tot de kern van wat hen raakt en dat je hen bereikt.

Andere oefeningen, die ik ook heb opgenomen om contact te maken met de ander en jezelf, zijn gebaseerd op een Arabisch sprookje getiteld *Mimoun en de koning*. Ik heb dit verhaal geschreven om migrantenkinderen in Nederland te helpen bij hun zoektocht naar hun nieuw verworven identiteit. Het hele verhaal is achter in het boek als bijlage 1 opgenomen.

In dit boek dient het als inspiratie voor het oefenmateriaal voor het creatief analytisch denken. Hieronder volgt een korte impressie en achtergrond. Het sprookje gaat over Mimoun, een veertienjarige jongen, die in de wereld van de geesten belandt. Hij krijgt van een engel een plattegrond en de opdracht de koning te zoeken. Als hij hem heeft gevonden, kan hij terug naar zijn familie. Op de kaart kan hij de koning niet vinden. Dus moet hij van de engel beter kijken. Dan lijkt het of hij in een rechte lijn op de koning af kan lopen. Maar na iedere stap die hij zet, komen er steeds meer details op de kaart en lijkt de koning verder weg. Wat volgt, is een lange ontdekkingsreis. Onderweg ontmoet hij allerlei inspirerende geesten. Zo ontmoet hij Ibn Hindi, die op zoek is naar 'het boek der boeken' waarin alles staat wat al gebeurd is en wat gaat gebeuren.

Dit verhaal is als basis gebruikt voor het educatieve kunstproject '2002 nacht'. In dit project komen beeldende kunst, muziek en vertelkunst samen. Het sprookje werd door een verhalenverteller opgevoerd op scholen in Brabant en verbeeld in een tentoonstelling bij FAXX podium voor hedendaagse kunst in Tilburg.

Dankwoord

Voordat ik stap voor stap uitleg hoe je via creatief analytisch denken tot de binnenste schil komt en het boek positioneer, wil ik een aantal mensen in het zonnetje zetten.

Allereerst wil ik mijn grote waardering uitspreken voor Jan de Ruijter. Hij heeft vanaf het allereerste uur met zijn kritische noten continu mijn denken positief geprikkeld. Daarnaast wil ik Siwert Meijer, mijn collega-docent bij Avans Hogeschool, bedanken voor het kritisch en opbouwend meelezen. Ook ben ik Ab van de Wakker en Henriëtte Maas – in mijn ogen de twee personen die de kar trekken bij de Academische Werkplaats Brabant vanuit het PON in Tilburg – zeer erkentelijk voor hun steun, vertrouwen en hun feedback. In deze werkplaats hebben wij met mijn collega's Siwert Meijer, Els van Beers, allebei werkzaam bij Avans Hogeschool, en Lidwien van Noorden bij K2, adviesbureau voor jeugdvraagstukken in Den Bosch, prima samengewerkt.

We hebben als een hecht team met veel plezier het leerwerktraject ontwikkeld en verzorgd. Ik wil dit docententeam en de twaalf deelnemers aan het traject een grote pluim geven voor hun passie, inspiratie en uitstekende bijdragen. Uiteraard past een woord van dank aan alle andere participanten van de Academische Werkplaats die het tot een succes hebben gemaakt.

Zoals altijd vormt mijn vrouw Raquel Azghari-Wanrooij de grootste bron van inspiratie. Zo heeft zij mij op het idee gebracht om te kiezen voor een schitterend kunstwerk van de wereldberoemde kunstenaar Serge Mendjiski ter illustratie van mijn boek. Als kunsthistorica en -critica heeft ze een artikel gewijd aan deze kosmopolitische kunstenaar (zie bijlage 2). Zijn *Medina de Casablanca* siert, met zijn enthousiaste instemming, terecht de voorkant van mijn boek. Daar ben ik heel trots op, want in zijn werk herken ik de integratie van twee stijlen van denken die het onderwerp is van dit boek.

Deze Franse schilder slaagt erin om een perfecte integratie van het analytisch en creatief denken op het doek te visualiseren. Hij fotografeert schilderachtige taferelen die iedereen herkent en kan ontleden tot figuren en plaatsen die echt bestaan. Dit verwijzen naar de realiteit staat voor mij symbool voor het analytisch denken. Maar doordat deze kunstenaar met knippen en plakken van zijn foto's een totaal nieuw en harmonieus beeld schept, slaagt hij erin om ook het creatief denken te demonstreren. Dat spreekt zeer tot de verbeelding. Met zijn nieuwsgierige en originele blik op de werkelijkheid én vakmanschap laat hij zien dat hij het creatief analytisch denken tot in de toppen van zijn vingers beheerst.

Tot slot: mijn intentie is dat de lezer net als de kleine prins een mooie en inspirerende ontdekkingsreis maakt door de wereld die hem of haar keer op keer blijft verbazen.

Youssef Azghari
Tilburg, september 2011

Voor wie is het boek bedoeld?

Het boek is in eerste instantie bedoeld voor de professionals in de sociale sector. Dit vanwege het veelvuldig gebruik van talrijke casussen en citaten uit hun praktijk. Deze illustraties zijn behalve uit mijn geraadpleegde bronnen ook opgetekend uit bronnen uit de Academische Werkplaats én afkomstig van studenten aan de Academie voor Sociale Studies bij Avans aan wie ik lesgaf. Ik heb veelal hun voorbeelden aangehaald – waarvoor ik ze nogmaals bedank – om het boek een extra praktisch karakter te geven. Daarnaast vormt dit boek een uitgelezen kans om de eigen creativiteit te prikkelen bij ieder die tegen de beperkingen aanloopt van het analytisch denken, dat momenteel in de westerse cultuur domineert, om dilemma's op het werk op te heffen of op te lossen.

De boodschap van dit boek is niet alleen bestemd voor ervaren agogen, maar is ook gericht op vooral de laatstejaarsstudenten die zich verdiepen en bekwamen in het agogisch werkveld in het hoger onderwijs. Daarnaast is het ook zeer toegankelijk voor professionals buiten de sociale sector. Te denken valt aan professionals werkzaam bij de (semi)overheid, in het bedrijfsleven, particuliere organisaties en andere belangstellenden die vanuit hun professie of persoonlijke redenen de kwaliteit van hun denken en handelen willen verbeteren. Daarmee verdiepen ze hun professionele houding in contact met de ander. Door de energie en tijd die zo vrijkomen, verhogen ze vanzelf hun productiviteit.

Het boek draagt eraan bij om op een originele manier, door het inzetten van een juiste mix van creatief en analytisch denken, in de flow én kracht van de eigen kwaliteiten te komen, zodat je de ander met een vraag, kwestie of probleem echt verder helpt. Het resultaat is een tevreden ander – dat kan een klant of cliënt zijn – die zich niet alleen gehoord voelt en begrepen, maar ook verder geholpen. De ander moet een uitweg zien te vinden uit waar hij of zij mee worstelt. Contact maken is daarbij het sleutelbegrip.

Opbouw van het boek

In hoofdstuk 1 staan we stil bij de meerwaarde en de essentie van het creatief analytisch denken. In hoofdstuk 2 leggen we de relatie tussen creatief analytisch denken met contact maken en diversiteit. Ik leg hier uit wat nodig is om contact te maken en waarom positieve aandacht voor diversiteit zo belangrijk is. Ik verbind ze meteen met de voordelen van het nieuwe denken. Daarna gaan we na verkenning en verdieping van zowel het creatief als het analytisch denken in hoofdstuk 3 aan de slag met deze twee denkmanieren in de praktijk om beter contact te maken en om te kunnen gaan met verschillen.

We eindigen dit boek met acht oefeningen in hoofdstuk 4. Deze hebben als doel om nieuwe inzichten op te doen en zowel een aantal houdingsaspecten als beroepsvaardigheden verder te ontwikkelen. Ook hier wordt de lezer – net als bij alle aangehaalde praktijkvoorbeelden in dit boek – uitgenodigd om te bekijken wat nodig is in zijn eigen praktijk om ermee aan de slag te gaan.

Hoofdstuk 1 De essentie van het creatief denken en analytisch denken

Authentiek contact maken vindt níét plaats wanneer professionals hun beeld van de ander slechts ontlenen aan gestandaardiseerde vragen en wanneer ze hun handelen baseren op van bovenaf opgelegde procedures of dichtgetimmerde protocollen. Dergelijke professionals zijn 'net grote mensen die van cijfertjes houden'. Zij die alles in statisch materiaal proberen te vangen, zijn voortdurend op zoek naar iets wat ze kunnen pakken, iets tastbaars. Het geeft ze houvast, omdat het verzamelen van feiten, het gieten in statistieken en het volgen van één stramien simpeler is te vatten, te verantwoorden en wellicht makkelijker wetenschappelijk te onderbouwen.

Maar de doelgerichte analyse en presentatie van feitelijke informatie die hieruit volgen, beschrijven alleen de buitenkant. Dat is te vergelijken met het op een afstand observeren van een huis. Het plaatje is helder, maar je weet niet hoe het er van binnen uitziet. Pas als de voordeur opengaat, dring je door tot de binnenkant van de ander. Daar gebeurt iets magisch, waar we een glimp van proberen op te vangen om de ander beter te voelen, te begrijpen en te helpen. Eenmaal binnen kom je er onder meer achter welk deel van het huis het hart vormt: de huiskamer of de keuken. Dat kan cultuurbepaald zijn. Pas als je doordringt in de binnenste kern van de ander, kun je achterhalen waarmee je rekening moet houden, ontdek je de verschillen en weet je wat je kunt betekenen.

Met andere woorden: antwoorden op de vragen naar de hoeveelheid van iets of iemand geven de professional geen uitgebalanceerd beeld van de diepere lagen en belevingswereld van de klant of cliënt. En dat is wel een voorwaarde om echt verschil te kunnen maken: de ander leren kennen, doorgronden en hem of haar nieuwe perspectieven bieden. Dat kan wanneer de professional zich verdiept in wat de ander werkelijk bezighoudt. Hoe hij of zij de dag inkleurt, wat hem of haar interesseert, irriteert, boos maakt, ontroert, kwetst, bindt en waar de ander echt behoefte aan heeft.

Dit duiken in de emoties en de leefwereld van de ander komt nauwelijks aan bod als men slechts turft en volgens een strakke methodiek alles rationeel benadert. Deze 'nuchtere' aanpak creëert juist nog meer afstand, terwijl inzoomen op de ander gewenst is om echt contact te maken. Deze empathische aandacht is wel nodig om de ander te bewegen iets te doen of te laten. Dat betekent in de praktijk: de positie van de ander positief beïnvloeden door bijvoorbeeld mee te helpen zijn of haar wensen of ambities te realiseren. In deze zin is de uitspraak 'meten is weten', die iedereen op school leert als een mantra, vaak eenzijdig, misleidend én bepalend in de sociale sector.

In veel sectoren worden geen producten op alleen papier en inkt geleverd, maar diensten van vlees en bloed. Door mensen, voor mensen. Mensenwerk, dat verantwoordelijk is voor de kwaliteit van de dienstverlening, is heel lastig in cijfers uit te drukken. Natuurlijk kunnen we aan de cliënten zelf vragen in welke mate ze wel of niet tevreden zijn over de diensten die ze aangeboden krijgen of zelf afnemen. Nooit zullen zij een pluim of de schuld geven aan een methodiek, procedure of stappenplan, maar altijd zullen ze reageren op degene die zich daarvan bedient. Dat is de professional. Daarom is bij het leveren van kwaliteit de persoonlijke band tussen professional en cliënt van onschatbare waarde. Natuurlijk blijft analyse van bijvoorbeeld de relevante omgevingsfactoren heel belangrijk. Maar in deze bijna *over*gedigitaliseerde samenleving, waar veel communicatie via de computer of mobieltjes plaatsvindt, zouden we bijna vergeten dat persoonlijk contact ook meetelt.

Het feit dat de kwaliteit van de diensten uiteindelijk niet in cijfers of statistieken verborgen zit, maar in de mens, die de ander zo goed mogelijk helpt, maakt dat we de plicht hebben om ook voortdurend te investeren in de binnenkant van de professional. Dat is het bewust (laten) worden van nieuwe kwaliteiten en het ontdekken van ongerepte terreinen. Hier doen we dat door de professionals te inspireren om het creatief analytisch denken in te zetten om beter aan te sluiten bij de leden van hun doelgroepen. Met creatief analytisch denken leer je vanzelf flexibel te denken om steeds weer nieuwe openingen te zien bij heel lastige situaties. Op deze wijze kan de professional de ervaren dilemma's, problemen of vragen beter het hoofd bieden door af te wijken van de standaardnorm. Dat is mijn ambitie met de introductie van het creatief analytisch denken.

Ik zal hieronder dieper ingaan op wat denken inhoudt en wat er bij komt kijken en daarna meteen inzoomen op wat ik versta onder creatief denken en analytisch denken. Dit illustreer ik met een eenvoudig voorbeeld. Daarbij streef ik niet naar een wetenschappelijk gefundeerde definitie van 'denken', als het al mogelijk is om deze te formuleren gezien de complexiteit ervan. Ik kies hier voor een zeer pragmatische benadering. Ik ga er daarbij van uit dat er iets als *denken* bestaat en dat het van invloed is op ons handelen. Ik heb voor deze benadering gekozen om er concreet mee aan de slag te gaan en te zien hoe ze bijdraagt aan beter contact en omgaan met verschillen.

Om toch alvast een idee te geven, volgt hier een korte omschrijving van wat ik zelf onder de gehanteerde begrippen versta. Ten eerste stel ik vast: *denken is communiceren.* Communiceren heeft als doel contact te maken met de ander. Voor denken is contact maken ook het doel, alleen met dit verschil: contact met jezelf. Een uitgebreidere onderbouwing van mijn stelling volgt in paragraaf 2.6.

Onder creatief denken versta ik het volgende: vrij en wild denken. Dat wil zeggen dat je niet alleen onafhankelijk en origineel denkt, maar ook met iets nieuws komt. Je denkt heel erg vanuit mogelijkheden (alles kan!) en laat je fantasie, je intuïtie, gevoelens en hart daarbij spreken. Waar een wil is, is een weg. Het is een zoektocht naar plezier, schoonheid of geluk, niet naar de waarheid of feiten. Creatief denken leidt tot een eindeloze reeks van inspiratie en nieuwe ingevingen. Het creatief denken zwemt als het ware in een oneindig grote oceaan. *Divergeren*, onder meer een vraagstuk verkennen, vanuit meerdere kanten bekijken en lekker (dag)dromen met je gedachten op zoek naar meerdere originele oplossingen, is het eindresultaat.

Dit staat haaks op het analytisch denken. Als we in dezelfde metafoor blijven: dit denken bevindt zich niet in een oceaan, maar in een afgesloten zwembad en hoe analytischer, hoe kleiner het bad. Je bent welkom als je de regels daar keurig opvolgt. Niet het hart domineert bij het denkproces, maar het verstand. Het gaat om feiten en cijfers, niet om wat iemand vindt, voelt, inspireert of gelooft. Emoties staan het analytisch denken in de weg. Dus waar geen logische verklaring voor is of wat geen wetenschappelijke basis heeft, wordt naar het rijk der fabelen verwezen. Analytisch denken is 'getemd' denken, denken met beperkingen of binnen systemen, met duidelijk vooraf gestelde criteria waar je niet zomaar van mag afwijken zonder teruggefloten te worden. *Convergeren*, onder meer je concentreren op één vraagstuk en met beide benen op de grond bij voorkeur naar één oplossing zoeken, is het eindresultaat.

Een klein voorbeeld kan de verschillen wat verhelderen tussen hoe deze twee denkmanieren tot uiting kunnen komen in het dagelijks leven.

> Twee vrienden, Henk en Hischam, komen allebei na het hardlopen moe thuis bij hun vrouw. De vrouw van Henk vraagt aan hem: 'Hoe was het, schat?' Henk antwoordt: 'Goed, ik heb binnen een uur tien kilometer gelopen, langs het kanaal naar het dorp en via het bos weer terug.' Hischams vrouw stelt precies dezelfde vraag aan haar man. Hij antwoordt: 'Ik heb zo verschrikkelijk genoten, het was een fantastische tocht, lekker door de geweldige natuur. Ik kreeg kippenvel, heb de vogels mooi horen zingen, ik zag een strakblauwe lucht, ik keek mijn ogen uit, al die bootjes in het glinsterende water, heerlijk gezweet, ik vergat gewoon de tijd en o ja, met Henk ook nog gezellig gekletst over zijn vakantieplannen.'

Hoewel ze precies hetzelfde rondje hebben hardgelopen, verschillen ze in hoe ze het aan hun vrouw vertellen. Henk geeft op een directe manier feitelijke informatie weer. De vrouw van Henk weet nu dat Henk tien kilometer binnen een uur heeft gelopen, dat hij naar het dorp via het kanaal en terug via het bos naar huis ging. En dat het goed was. Hoe hij zich onderweg voelde en wat hij zag en besprak met zijn loopmaatje, weet ze niet. Hischam daarentegen kleurt zijn loopervaring met veel gevoel persoonlijk in. Zijn vrouw zal heel blij zijn dat haar man het zo naar zijn zin heeft gehad. Echter, ze kan uit zijn verhaal niet opmaken hoeveel kilometer hij heeft gelopen en waar hij naartoe is gerend. Het ligt voor de hand dat de kans dat de vrouw van Hischam aan de lippen hangt van haar man veel groter is dan bij de vrouw van Henk. Henk interpreteert de vraag van zijn vrouw 'Hoe was het, schat?' als 'Wat heb je gedaan?', terwijl Hischam dezelfde vraag interpreteerde als 'Wat heb je gevoeld en waargenomen tijdens het hardlopen?'

Dat verschil tussen hoe Henk en Hischam praten over hun ervaring en het effect dat ze sorteren bij hun vrouw, is ook te vergelijken met het verschil tussen analytisch en creatief denken. Mensen die dominant creatief denken, leggen hun gevoel dik op wat ze waarnemen en doen. Daarbij proberen ze hun gevoelens op te roepen of te visualiseren. Mensen die dominant analytisch denken, beschrijven slechts de actie of wat ze waarnemen, maar niet wat het met hen persoonlijk doet. De vraag is niet: wie heeft hier het beste antwoord gegeven?, maar: in welk type herkent de lezer zich het meest? Als het antwoord is: 'Ik herken me in Henk', dan gaan we in dit boek leren hoe het ook meer op zijn 'Hischams' kan. Is het antwoord: 'Ik herken me in Hischam', dan gaan we leren hoe het op zijn 'Henks' kan. Uiteindelijk is het de bedoeling dat het creatief en analytisch denken samenkomen, elkaar bevruchten, dus zowel iets opsteken van Henk als van Hischam! Stel dat Henk een mooie mix zou willen om zowel creatief als analytisch te reageren, dan zou zijn antwoord op de vraag 'Hoe was het, schat?' zo klinken:

> 'Als je bedoelt met wat ik gedaan heb en hoe ik me heb gevoeld: het ging fantastisch, ik heb tien kilometer hardgelopen. De tocht langs het kanaal en het bos vind ik adembenemend, de geur van de bomen, en er is zoveel te zien, van vogels tot boten. Ik heb geanimeerd gepraat met Hischam over onze vakantieplannen. En dat allemaal binnen een uur! Ik voel me heerlijk moe.'

Het verschil met zijn eerste antwoord is dat hij niet alleen feitelijke informatie meedeelt, maar ook vertelt wat hij heeft ervaren tijdens het hardlopen. Dat heeft als effect dat de ander aandachtiger luistert naar het verhaal, doordat je simpelweg bij de ander meer een beroep doet op meerdere zintuigen. Zijn vrouw kan zich nu een betere voorstelling maken van hoe hij het heeft gehad.

Voor de sociale professional betekent het concreet dat als hij erin slaagt het creatief analytisch denken aan de dag te leggen in contact met de ander, de professional niet alleen zakelijke informatie uitwisselt, maar ook met empathie en aandacht voor emoties ruimte maakt voor een duurzame relatieopbouw.

We gaan straks met nog meer voorbeelden zien hoe met de positieve insteek van dit denken zowel ervaren als beginnende professionals de contacten kunnen verdiepen. Professionals dreigen af te stompen door onder andere betuttelling ('Luister goed. Ik zal u eens vertellen wat goed voor u is!') en bieden om uiteenlopende redenen geen ruimte voor verdieping. Door het creatief analytisch denken kunnen ze komen tot: 'Zullen we in dialoog met elkaar eens samen kijken wat goed is?'

Hoofdstuk 2 Omgaan met diversiteit in de sociale dienstverlening

Zoals ik eerder vermeldde, verbind ik het creatief analytisch denken met het domein diversiteit in de sociale sector. Dit biedt een concreet kader om van daaruit te bezien hoe we dit nieuwe denken in de praktijk kunnen toepassen. Diversiteit is wat elke samenleving, organisatie of groep structureel kenmerkt. Het is altijd zo geweest. Omgaan met verschillen is voor veel organisaties dus niet alleen een heel mooi maatschappelijk uitgangspunt van deze moderne tijd. Het is zeker allang niet meer alleen een nobel streven om het imago op te vijzelen van een organisatie in de trant van: 'Kijk eens hoe goed we zijn, we hebben mensen met een beperking of iemand met een Turkse achtergrond in dienst.'

Integendeel, steeds vaker is het een noodzakelijke overlevingsstrategie geworden. Witte organisaties of zeer eenzijdig opgebouwde teams (bestaande uit alleen witte mannen van middelbare leeftijd bijvoorbeeld of alleen jonge vrouwen van dezelfde afkomst) die hier niet tijdig op inspelen, zullen vroeg of laat het loodje leggen. Daarbij moet men voldoende oog hebben voor de onderlinge relaties. Een te divers team dat niet goed begeleid wordt, waarin de leden zich vaker aan elkaar storen dan dat ze samen optrekken, kan juist slecht scoren. Veel slechter dan een homogene groep. Daarentegen presteert een goed gefaciliteerd multicultureel team dat met elkaar samenwerkt en leert om te gaan met verschillen en dat respect voor elkaar heeft, uitzonderlijk veel beter dan een homogeen team.

Deze bewering baseer ik niet alleen op mijn persoonlijke ervaring: werken in een divers team dat flexibel en tolerant was en prettig samenwerkte met een breed gedragen visie prikkelde vaker mijn creatieve brein. Ik kon makkelijker nieuwe verbindingen leggen dan ik had kunnen doen als ik had gewerkt in een team dat louter bestond uit mensen die min of meer dezelfde achtergrond deelden qua kennis, beroepenveld en afkomst. Het omgekeerde maakte ik soms ook mee: werken in een te divers team dat weinig binding had met elkaar, slecht begeleid werd en geen gezamenlijke opdracht kende, maakte van ieder lid een ongeleid projectiel. Er is veel onderzoek gedaan naar de voordelen van werken in een divers team. Steeds weer is de conclusie dat kijken vanuit verschillende invalshoeken naar een probleem of vraag nieuwe perspectieven biedt. Dit gegeven vormt echter nog geen garantie dat ze allemaal even bruikbaar zijn om tot nieuwe inzichten of innovatie te komen. Zie in dit verband het boek *The Difference* van Scott E. Page (2007, p. 50 e.v.).

Hoe dan ook: organisaties die niet durven te investeren in het voeren van een actief diversiteitsbeleid bloeden naar mijn stellige overtuiging op den duur letterlijk dood. Zonder aandacht voor diversiteit zijn innovatie en vooruitgang namelijk onmogelijk. Nieuwe ideeën ontstaan meestal door ontmoeting en positieve polarisaties tussen mensen met verschillende achtergronden. Hoe groter de verschillen, hoe meer we gedwongen worden te denken buiten onze referentiekaders. Maar daar moet je wel open voor willen staan. Je moet als het ware je geest tot het uiterste willen rekken.

Mensen die hetzelfde denken, doen en precies dezelfde achtergrond delen, inspireren elkaar nauwelijks tot vernieuwing. Ze hebben geen enkele behoefte aan verandering. Sommige mensen zien daarin letterlijk geen noodzaak. Dat kan overigens heel lang goed gaan, maar er komt altijd een dag dat de ondergang nabij is. Zo zie je dat er nog steeds volkeren bestaan, die eeuwenlang afgesloten leven van de rest van de wereld, zich nog bevinden in een stenen tijdperk, maar zij worden op den duur wel bedreigd in hun voortbestaan.

Bovendien: organisaties die aandacht voor diversiteit als een last in plaats van als een verrijking ervaren, bedreigen hun eigen bestaansrecht, omdat ze de nieuwe maatschappelijke realiteit uit het oog verliezen. Zo verandert Nederland qua bevolkingssamenstelling in een rap tempo. Overal groeit het aandeel Nederlanders met een niet-westerse achtergrond. Om een voorbeeld te geven: door een snel veranderende jeugdpopulatie in Brabant – bijna een derde deel is van allochtone afkomst – zullen de organisaties die iets willen betekenen voor de jeugd in deze regio, tijdig hun medewerkers moeten leren om beter om te gaan met verschillen. Elke visie van een organisatie zou met het volgende inzicht gevoed moeten worden: nu investeren in diversiteit is anticiperen op wat er komen gaat. Doen we het niet, dan betekent dat vroeg of laat het einde van onze missie.

In een globaliserende multiculturele samenleving moeten zeker professionals in de dienstverlenende sectoren, zoals in de jeugdzorg en op scholen, op z'n minst *diversiteitsproof* zijn. Dat wil zeggen dat ze zich moeten bekwamen in intercultureel vakmanschap. In de praktijk betekent dat via het ontwikkelen van diversiteitscompetenties beter contact maken met de ander. Dat kan door de juiste houding aan te nemen, de kennis over de ander te verdiepen en interculturele vaardigheden te oefenen, zoals culturele empathie tonen en flexibel inspelen op nieuwe situaties.

Beter contact maken met de ander is namelijk de voorwaarde om niet alleen miscommunicatie, stress of irritatie te voorkomen, maar ook om vooruit te komen en te vernieuwen. Gebruik van het *diversiteitsdenken* kan daarbij helpen. Dit nieuwe denken maakt gebruik van zowel het creatief denken als het analytisch denken. Hoe deze twee op het oog tegengestelde denkmanieren in de praktijk vorm krijgen, hoe ze van elkaar verschillen, tot welke effecten ze leiden, én hoe we ze zó kunnen integreren dat we het professioneel handelen vergroten, vormt de rode draad van dit boek.

We hebben dit nieuwe denken niet alleen nodig om discriminatie te vermijden, maar ook om met elkaar vreedzaam te leven en van elkaar te leren. In mijn eerdere boeken *Cultuurbepaalde communicatie. Waarden en belangen van passieve en actieve culturen* en *Aan de slag met diversiteit. Effectief communiceren met verschillende culturen* gaf ik middels casuïstiek antwoord op de vraag hoe je beter contact maakt met de ander. Het diversiteitsdenken leert je stap voor stap beter om te gaan met (cultuur)verschillen. Het handvat daarbij vormt het brugmodel met zijn drie stappen.

Het diversiteitsdenken is in drie vragen samen te vatten:
1. Wat kan ik weten?
2. Hoe wil ik met de ander omgaan?
3. Wat doe ik?

Deze drie vragen vormen de drie pilaren waarop het brugmodel rust. Ze zijn bedoeld om eerst kennis te verzamelen over welke waarden en belangen een rol spelen in contact met de ander (stap 1), vervolgens de eigen verwachtingen en normen uit te spreken (stap 2) en tot slot ze beide te vertalen in concreet gedrag (stap 3). Op pagina 30 volgt een schematisch overzicht van deze stappen. Dit nieuwe denken is een goed voorbeeld van hoe je het creatief én analytisch denken kunt mixen. Het is gebaseerd op de drie stappen van het brugmodel. Daarbij worden in dialoog met de ander de eigen waarden en belangen en die van de ander continu nader onderzocht en uitgewisseld. De bedoeling is om de waarden en belangen van de ander openlijk te bespreken. Daarmee maak je zichtbaar waar jij en de ander voor staan, wat betreft denken en doen.

Dat betekent onder meer dat sociale professionals er in de dagelijkse praktijk voortdurend aandacht aan besteden hoe een bepaalde waarde in een norm vertaald wordt. Zo geeft niet iedereen bij de eerste begroeting de ander een hand bij wijze van beleefdheid of hoffelijkheid. Het kan ook op andere manieren, zoals een lichte buiging maken of de handpalmen tegen elkaar drukken. Als de waarden en/of belangen met elkaar conflicteren en verschillen in de wijze waarop ze vertaald worden (in een norm of code), dan is het de kunst om daar op een creatieve en analytische wijze een juiste balans in te vinden. Hieronder volgt een voorbeeld waarin een waarde en een belang botsen.

> Stel dat je als professional de waarde 'eerlijkheid' in contact met de ander heel erg belangrijk vindt. Op een dag komt jouw cliënt, die last heeft van een minderwaardigheidscomplex, dolblij binnen bij jou op afspraak. Je ziet haar stralen met haar nieuwe jurk. Persoonlijk vind je het een oerlelijk kledingstuk. Plotseling vraagt ze je heel enthousiast wat je van haar jurk vindt. Wat doe je?

Zeg je eerlijk wat je denkt, ook al kwets je haar daarmee, of ga je juist mee in haar blijdschap en houd je je eigen mening voor je of kies je misschien juist een andere toon die ergens tussen deze twee uitersten ligt? Waar het hier om gaat, is dat je in dit voorbeeld gedwongen wordt na te denken hoe je concreet wel of geen invulling geeft aan je kernwaarden, zoals eerlijkheid en beleefdheid. In contact komen met de ander, met name wanneer je in verlegenheid wordt gebracht, zoals in dit voorbeeld, betekent vooral erbij stilstaan hoe je eigen waarden in de praktijk handen en voeten krijgen. De bezinning op eigen waarden en belangen beïnvloedt altijd ons denken en ons gedrag. Soms weegt het belang zo zwaar – de goede sfeer of het goede contact om de ander verder te helpen – dat de professional in dit geval besluit de eigen eerlijkheid ondergeschikt te maken. Daarom kan de professional ervoor kiezen haar blijdschap om haar nieuwe jurk te bevestigen en zijn mening over de jurk niet als relevant te beschouwen.

Dit eenvoudige voorbeeld geeft aan hoe lastig het kan zijn om altijd trouw te blijven aan de eigen waarden die jouw identiteit kenmerken, zoals eerlijkheid. Maar hoe handel je in complexere situaties?

> Stel, je bent medewerker bij de Raad van Kinderbescherming. Je ontvangt op je afspraak een Turkse vader die met veel trots vertelt over zijn zoon van veertien jaar, terwijl uit dossiers blijkt dat hij nogal wat op zijn kerfstok heeft.

In zo'n geval kan het diversiteitsdenken helpen bij het maken van een zorgvuldige afweging en bij effectievere communicatie. Als de situatie ernstig genoeg is, kan eerlijkheid – in dit geval confrontatie op een respectvolle wijze – juist de ogen van de Turkse vader openen. Dat zou kunnen met de volgende tekst.

> 'Ik bewonder uw trots voor uw zoon enorm. U schetst een heel mooi beeld van hem. Kunt u mij meer vertellen over wat u zo trots maakt?'
> Stel, de vader zegt: 'Mijn zoon studeert op school, hij doet wat ik zeg en gaat elke vrijdag mee naar de moskee.'
> Na zijn antwoord kan de professional doorgaan met de opmerking: 'Uw zoon mag heel blij zijn met u als vader, vooral als ik hoor wat hij voor u betekent en doet.

> Toch hebben wij ook een ander beeld van hem. Dat wil ik graag met u bespreken. Dat is dat uw zoon volgens onze informatie een paar keer met de politie in aanraking is gekomen vanwege diefstal. Ik wil graag horen wat u hiervan vindt.'

Na zo'n opmerking kan de vader niets anders doen dan hier zijn verbazing over uitspreken en er zelfs van schrikken. Ongeacht wat de vader dan vertelt, de professional zal naar een gemeenschappelijk doel moeten werken. Dat kan door het volgende op te merken.

> 'Ons beider belang is dat ik samen met u wil bespreken hoe we uw zoon het beste weer op het juiste spoor kunnen krijgen. Daarbij heb ik uw hulp nodig.'

Dit alles gebeurt zonder meteen afstand te nemen van de eigen waarden en normen. De waarde eerlijkheid blijft uiteindelijk fier overeind. De Turkse vader krijgt niet meteen een enorme verbale klap in zijn gezicht nadat hij vol trots verteld heeft over zijn zoon. Wel wordt hij na de erkenning van zijn trots op zijn zoon door de professional geconfronteerd met de minder plezierige kant van zijn zoon, die voor de vader blijkbaar verborgen was.

Een professional die dit denken demonstreert, toont in de drie stappen zes houdingsaspecten:

1. In de eerste stap staan *nieuwsgierigheid* en *onbevangenheid* centraal. Dat doet deze professional door gewoon door te vragen wat de zoon doet wat zijn vader zo trots maakt.
2. In de tweede stap zoekt hij de confrontatie op door *oprechtheid* en *respect* centraal te stellen. Dat kan goed met het brugmodel: een luisterend oor bieden, meegaan met de gevoelens van de ander en toch confronterend zijn als het nodig is. Hier somt de professional de feiten op over zijn zoon en deelt hij zijn visie. Het is weliswaar slecht nieuws voor de vader, want zijn zoon is gepakt voor diefstal. Toch krijgt hij wel alle gelegenheid te reageren.
3. In de laatste stap voeren *bescheidenheid* en *authenticiteit* de boventoon. De professional vraagt de vader mee te helpen het ongewenste gedrag van zijn zoon te corrigeren en te voorkomen. De professional kan dat niet alleen. Hij wil de familie erbij betrekken.

Wat het diversiteitsdenken een mix maakt van het creatief en analytisch denken, is dat de ene helft van de zes houdingsaspecten vooral een beroep doet op het analytisch denken. Met nieuwsgierigheid, respect en bescheidenheid bereik je dat je met een onderzoekende en kritische houding kennis vergaart, dat je je richt op de ander door zo veel mogelijk rekening te houden met wat je over de ander weet en dat je terughoudend bent in het veranderen van het gedrag van de ander.

Met de andere helft van de zes houdingsaspecten, onbevangenheid, oprechtheid en authenticiteit, waarmee je het creatief denken prikkelt, stel je je vooral open, onafhankelijk, flexibel en invoelend op, maak je de ander deelgenoot van jouw kijk en laat je zien wie of wat jou in beweging brengt of inspireert. Het doel van het inzetten van het diversiteitsdenken is telkens: antwoord geven op de vraag hoe je de communicatie verbetert en hoe je beter omgaat met de ander. (Zie voor verdieping van de drie stappen van het brugmodel en de zes houdingsaspecten mijn vorige boeken *Cultuurbepaalde communicatie* en *Aan de slag met diversiteit*.) Hieronder volgt een schematisch overzicht van dit nieuwe denken.

Stap 1

Probeer te achterhalen welke waarden en/of belangen in een bepaalde situatie een rol spelen in het contact met de ander en check dat ook bij de ander.

Houding: *Wees nieuwsgierig en onbevangen!*

Stap 2

Ga na welke waarden en/of belangen in jouw communicatie met de ander een rol spelen en maak dat duidelijk aan de ander (uitleg!).

Houding: *Wees oprecht en respectvol!*

Stap 3

Besluit welke waarden en/of belangen voor jou de hoogste prioriteit genieten in een gegeven situatie en gedraag je daarnaar.

Houding: *Wees authentiek en bescheiden!*

2.1 Contact maken en omgaan met verschillen

In dit boek ligt de focus niet alleen op hoe je beter contact maakt met de ander en hoe je omgaat met verschillen. We staan hier ook stil bij hoe je contact met jezelf maakt om zo je professionele houding te verdiepen en je identiteit te verrijken door contact met de ander. Samen hebben ze een positieve invloed op je normatieve professionaliteit. Dat is de meerwaarde van dit boek. We maken gebruik van integratie van het analytisch en creatief denken. Daar waar ze elkaar ontmoeten, slaan we bruggen tussen individuen die van elkaar een beetje, veel of fundamenteel kunnen verschillen. We demonstreren dat met veel praktijkvoorbeelden. Om zowel het creatief denken als het analytisch denken te oefenen geven we later meer aanwijzingen en tips.

Wat levert het concreet op? Het integreren van deze twee denkmanieren brengt je op het spoor van de allernieuwste inzichten en brengt je op frisse ideeën. Het geeft je als ontdekkingsreiziger input voor het beheersen of oplossen van complexe vraagstukken, zoals de kleine prins dat doet als hij nieuwe planeten bezoekt. Het geeft je zelfs een voorsprong op wetenschappers die de wereld slechts willen begrijpen vanuit hun begrensde boekenkennis. Zo ontmoet de kleine prins een wetenschapper die zichzelf te belangrijk vindt om rond te drentelen, maar wel graag ontdekkingsreizigers ontvangt in zijn studeerkamer om hun verhalen op te tekenen.

> *En de aardrijkskundige sloeg zijn dikke boek open en sleep zijn potlood. Verhalen van ontdekkingsreizigers worden eerst met potlood opgetekend. Pas als de ontdekkingsreiziger bewijzen heeft geleverd, schrijft hij ze met inkt.*

Daarnaast maakt een synthese van creatief en analytisch denken je bewust van je (verborgen) talenten. Het leidt tot nieuwe ideeën, bouwt voort op eerdere inzichten, versterkt het diversiteitsdenken en levert zo een bijdrage aan het openbreken van lastige dilemma's. Bovendien bespaart het op termijn kopzorgen en tijd. Neem het volgende dilemma ter illustratie.

> Een professionele organisatie die buddyprojecten financiert en ondersteunt, kampt al een tijd met een tekort aan allochtone maatjes. De medewerkers doen extra moeite om ze binnen te halen. Een Algerijnse vrouw, die sinds kort in Nederland woont, solliciteert als maatje. Ze wordt ontvangen door een blanke vijftiger. Hij ziet dat ze erg enthousiast overkomt, maar constateert helaas dat ze gebroken Nederlands spreekt. Aan de hand van dit criterium waaraan alle maatjes moeten voldoen, het beheersen van het Nederlands, wordt ze afgewezen. Als hij later dit voorval aan zijn teamgenoten vertelt, krijgt hij van een collega het advies om in het vervolg creatief op zoek te gaan naar haar inzetbaarheid. Iemand opperde om haar dan in te zetten voor mensen die wel Arabisch verstaan. Daar had hij niet eerder aan gedacht.

Dit voorbeeld geeft in het kort het verschil aan tussen het gebruik van het analytisch en creatief denken. De man die de Algerijnse vrouw afwees, hield zich netjes aan de afgesproken kaders, terwijl zijn collega buiten de kaders dacht. Daardoor kwam hij met iets nieuws op de proppen. Het creatief denken staat gelijk aan het *out of the box* denken. Dat is denken in vele mogelijkheden in plaats van alleen het zien van beperkingen. Dit vrije denken is op geen enkele manier gebonden aan regeltjes, criteria, eisen, axioma's, dogma's, grenzen of gewoontes.

Om dit te illustreren geven we een heel ander praktijkvoorbeeld. Dat verhaalt over hoe een traditionele moslima die moeite heeft om een man een hand te geven, op twee manieren kan reageren zonder star vast te houden aan haar strenge omgangsnormen. We beginnen met de eerste manier, verwoord door Leila Moallemzadeh, een Afghaanse vrouw van 26 jaar, in Iran geboren, uit Zoetermeer (geciteerd in *De Groene Amsterdammer*, 17 november 2010).

> 'Als een man mij een hand wil geven, pak ik de uitgestoken hand eerst aan, en pas als we afscheid nemen, leg ik uit dat ik dat liever niet doe. Daarna verwacht ik dat men dat onthoudt en respecteert.'

Hoewel haar pragmatische aanpak sympathie verdient, is deze oplossing natuurlijk geen resultaat van creatief denken. Het sluit meer aan op het analytisch denken, omdat zij een beroep doet op het geheugen van de ander. Hij zal de volgende keer zijn kennis en ervaring uit het verleden gebruiken om haar geen hand meer te geven. Als hij haar nog wil zien, dan zal hij op háár manier respect moeten betuigen. Zij past zich weliswaar de eerste keer aan hem aan, maar de keren daarop zal hij zich moeten aanpassen, wil hij het contact met haar blijven onderhouden.

Een tweede manier waarbij iemand wél op een creatieve manier haar ingesleten ritueel doorbreekt van het wel of geen handen mogen schudden tussen man en vrouw, zien we in het volgende voorbeeld.

> Een Somalische vrouw van middelbare leeftijd met drie kinderen in een opvangcentrum voor asielzoekers wordt zeer goed geholpen door een autochtone oudere. Harrie is een gedreven vrijwilliger die na zijn pensionering asielzoekers graag helpt met allerlei klusjes. Hij heeft haar lekkende wc gemaakt. Ze wil hem dolgraag bedanken. Maar vanuit haar strenge interpretatie van haar geloof mag ze een man geen hand geven. Ze denkt na hoe ze haar blijdschap toch kan uitdrukken. Dan pakt ze een stuk van haar lange gewaad en wikkelt het om haar hand. Ze geeft hem alsnog een stevige handdruk. Harrie is blij met dit mooie gebaar, zeker als hij erachter komt dat zij mannen geen handen schudt.

2.2 Analytisch en creatief denken: twee wegen naar de top

Het verschil tussen het creatief en analytisch denken is in metaforische zin te vergelijken met het beklimmen van een top van een berg. Dat kan grofweg ook op twee manieren. De eerste weg naar de top is helemaal van tevoren tot in de puntjes uitgestippeld. Dat wil zeggen: niet alleen het einddoel is van tevoren precies bepaald, maar ook alle haltes onderweg en belemmeringen zijn in kaart gebracht. Kortom: er is van tevoren veel denkwerk verricht en er zijn allerlei voorbereidingen voor de bergtocht getroffen. Als eenmaal alles van tevoren is bedacht, is er nog nauwelijks ruimte om af te wijken van de tot in details uitgestippelde weg. Iemand die analytisch denkt, gaat als het ware altijd goed voorbereid met een gedetailleerde plattegrond en een kompas op stap.

De tweede weg, met hetzelfde einddoel naar de top van de berg, heeft nog niemand ontdekt. Er is alle ruimte voor verrassingen, maar ook hindernissen en allerlei onvoorziene gevaren loeren op de weg. Degene die creatief denkt, gaat zonder plattegrond of kompas de berg op. Het vergt meestal meer tijd en moed en het is een heel risicovolle onderneming. Je kunt ook verdwalen. Maar als het je lukt om de top van de berg via jouw weg te bereiken, dan ben jij wel de eerste.

Ik heb doelbewust gekozen voor de metafoor van een berg beklimmen, en niet voor een andere metafoor, zoals reizen met een auto van Utrecht naar Milaan met kans op files op de autowegen óf met de trein ernaartoe gaan, zoals een participant van de Academische Werkplaats voorstelde. De top van een berg beklimmen past meer bij mijn beeld van al het denkwerk. Daar zit groei in. Klimmen en denken gaan hoe dan ook altijd gepaard met enige fysieke inspanning en moeite. En terwijl je klimt en denkt, merk je dat je langzamerhand een hoger niveau bereikt met mooie vergezichten.

Je hoeft niet over veel fantasie te beschikken om te concluderen dat de eerste *kant-en-klare* weg *meestal* de snelste weg is naar de top. Ik spreek hier expres van *meestal*, omdat soms het creatief denken een veel snellere weg vindt naar de top. Maar over het algemeen ga ik ervan uit dat het analytisch denken minder broeitijd nodig heeft dan het creatief denken, omdat de weg van het analytisch denken al uitgestippeld is. In beide gevallen kost de voorbereiding om de berg te beklimmen ongeveer evenveel tijd. Het verschil is echter dat het analytisch denken vanaf de start van de beklimming veel tijdswinst boekt omdat het zich baseert op iets wat al bestaat of bedacht is, zoals een plattegrond die iemand anders heeft gemaakt om je de weg naar de top te wijzen. Bij het creatief denken kost het tijdens de klim vaker meer tijd omdat je je eigen authentieke weg wilt vinden naar de top, zonder je te baseren op een plattegrond van iemand anders. Vandaar dus meer broeitijd. Het is te vergelijken met van bladmuziek spelen, wat elke geoefende musicus op elk moment van de dag technisch goed *beheerst*, of in een briljant en spaarzaam moment een totaal nieuwe melodie verzinnen door een creatieve geest, die over zijn vak *heerst*.

Dat de eerste weg meestal sneller is, betekent niet automatisch dat het altijd de beste weg is en zeker niet dat het de origineelste weg is. Dat hebben we gezien bij de man die de Algerijnse vrouw afwees vanwege haar gebrekkige Nederlands. Hij keek niet verder dan zijn neus lang was. Toen hij dit voorval deelde met zijn collega's, kreeg hij spijt dat hij niet op het idee was gekomen om haar op een andere manier in te zetten.

Wel duurt de weg van het creatief denken om de top te bereiken vaak langer. Creatief denken is meestal gestoeld op ongebreidelde fantasie, irrationele overwegingen, en volgt het gevoel in ons. Soms heb je dus geluk en ontdek je per toeval een veel snellere weg, maar vaker stoot je je hoofd en af en toe kom je op een doodlopende weg terecht. Af en toe op een doodlopende weg terechtkomen hoeft helemaal geen slechte ervaring te zijn. Het dwingt je nog meer een beroep te doen op je creativiteit om nieuwe wegen te vinden. Dat is goed voor het ontwikkelen van je improvisatietalent. Dus een enkele keer iets onverwachts meemaken kan absoluut geen kwaad. Daarmee kun je veel beter leren inspelen op onvoorziene situaties. Als je ondanks de tegenslagen de top bereikt, heb je wel geheel op eigen kracht een originele en nieuwe weg gevonden. Ieder ander die daarna precies jouw weg volgt, doet dat op basis van jouw plattegrond.

Er is geen sprake meer van een proces van creatief denken als de ander in jouw voetsporen treedt. Die laat zijn eigen sporen nooit achter. Dat is wel het resultaat van het analytisch denken. Het is heel doelgericht. Je weet vooraf wat je kunt verwachten en waarop je moet anticiperen. Het borduurt voort op eerdere inzichten, eerdere kennis, 'oude' ervaring en bouwt voort op bekende patronen. In deze metafoor is dat de plattegrond. Het imiteert de stappen van mensen die al eerder de top hebben bereikt.

Het analytisch denken doet vooral een beroep op het verstand. De wet van de logica domineert. Alles moet te beredeneren zijn en te bewijzen. Men leert vooral door te imiteren en baseert zich op kennis en ervaring uit het verleden. Met het analytisch denken wordt in de meeste gevallen gekozen voor één oplossing en één antwoord. Daarbij heeft men een sterke voorkeur voor beheersmatige en herhaalbare oplossingen. Controle over de eigen omgeving en voorspelbaarheid staan erg centraal. Te veel hiervan kan leiden tot werken volgens een bepaalde *routine*. Dat biedt weliswaar veel zekerheid en houvast, maar het voedt ook wel angst voor elke afwijkende aanpak of verandering.

Creatief denken is allergisch voor routinematig werken. Bij het creatief denken staan juist het imitatiegedrag, het denken in één oplossing en kennis en ervaring uit het verleden in de weg. Creatief denken leer je door los te komen van zekerheden en instituties. Door het hoofd als het ware helemaal schoon te vegen laat je je leiden door het toeval en ben je op zoek naar 'nieuwe' ervaringen. Avontuur en experimenteren staan centraal.

In culturen waar mensen opgroeien met het idee of de noodzaak om flexibel in te spelen op wat ze overkomt en zich snel aan te passen aan een nieuwe situatie, zijn de condities om het eigen creatieve vermogen persoonlijk aan te spreken in principe beter gewaarborgd. Dit, omdat de omstandigheden daartoe vaak nopen. Daardoor moeten ze vanaf het prille begin noodgedwongen meer een beroep doen op het improvisatietalent. Leden van zulke culturen zijn gewend om alles aan het toeval of hogerhand over te laten. Het lot bepaalt. In de traditionele Marokkaanse cultuur komt dit bijvoorbeeld tot uiting bij het houden van bruiloften.

In tegenstelling tot Nederlandse bruiloften, die over het algemeen tot in de kleinste details zijn uitgewerkt (wie doet wat) en op tijd zijn gepland, verloopt een Marokkaanse bruiloft chaotisch: wie wil, helpt mee *insha allah* (als God het wil). Maar in de praktijk zijn zulke bruiloften meestal heel gezellig en worden onvoorziene zaken meestal ter plekke opgelost. In zulke culturen worden kinderen opgevoed met improviseren en flexibel inspelen op onverwachte situaties. Creatief denken wordt zo gestimuleerd. In culturen waar mensen daarentegen leren om zo veel mogelijk onder controle te houden, zijn ze veel beter in plannen en logistiek. Daar is het analytisch denken meestal dominanter.

Het stimuleren van creatief of analytisch denken kan van gebied tot gebied verschillen, ook binnen één (sub)cultuur of tussen culturen. In de oosterse kunsten, zoals de Japanse, wordt het imiteren van oude meesters nog steeds zeer gewaardeerd. Hier zien we dat gehoorzaamheid aan gevestigde namen of hogere autoriteiten en gebrek aan vrijheid om af te wijken van de standaardnorm juist de creativiteit remmen. Dit geldt ook voor een land als Marokko, waar de moderne kunst nog in de kinderschoenen staat. Op het gebied van de kunsten en ambachten is het creatief denken matig tot niet aanwezig. In de westerse culturen, waar het analytisch denken in het onderwijs domineert, worden na-apers van oude meesters in de kunsten niet serieus genomen. Kunstenaars die iets nieuws scheppen, krijgen hier extra aandacht. In de westerse kunst wordt het creatief denken wel gewaardeerd.

Beide denkmanieren hebben zowel voor- als nadelen. Zonder het creatief denken kunnen we geen nieuwe inspiratie en nieuwe ervaring opdoen en lopen we onherroepelijk vast in ons werk. Maar daarin te ver doorschieten leidt weer tot een overdosis aan chaos en dan word je een ongeleid projectiel. Zonder analytisch denken zoeken we in het wilde weg naar meerdere oplossingen voor een probleem. Maar dit overdrijven leidt dan weer tot verstarring. Kortom: we hebben creatief en analytisch denken samen nodig om daarin balans te vinden. Het switchen tussen deze twee denkmanieren voorkomt enerzijds dat we eeuwig zwerven door een oneindige ruimte zonder doel en anderzijds dat we altijd gevangen zitten in een star en benauwd systeem met een vooraf gesteld dwingend doel.

2.3 Kenmerken van creatief en analytisch denken

Het creatieve richt zich op het genereren van alternatieven of op het ontwikkelen van nieuwe ideeën of oplossingen voor een probleem. Dat betekent in de ruimte denken zonder beperkingen. Het analytische richt zich op het systematisch analyseren van een probleem waarbij de kwestie in kleinere stukjes wordt geknipt om een (deel)oplossing te vinden. Dat betekent eerst onderzoek doen, zaken ontleden, logische verbanden zien en methodisch te werk gaan.

Hieronder volgt een overzicht van de kenmerken van het analytisch en het creatief denken. Uiteraard zullen we later nog uitgebreider spreken over wat nog meer typisch is voor het analytisch en het creatief denken om daarna te komen tot een synthese.

	Analytisch denken	**Creatief denken**
Kenmerken	logisch, doelgericht, convergerend, controle	intuïtief, ongeleid, divergerend, flexibel
Houding die daarbij past	nieuwsgierigheid, respect, bescheidenheid	onbevangenheid, oprechtheid, authenticiteit
Houdingen in de praktijk	*Bij* nieuwsgierigheid *begin je met vragen stellen.* *Bij* respect *houd je rekening met de ander.* *Bij* bescheidenheid *neem je de ander niet de maat.*	*Bij* onbevangenheid *heb je een open houding.* *Bij* oprechtheid *laat je zien wat en hoe je denkt.* *Bij* authenticiteit *laat je zien wie je bent.*

Als we deze houdingsaspecten in de juiste volgorde zouden samenbrengen, dan krijgen we de liggende piramides uit figuur 2.1.

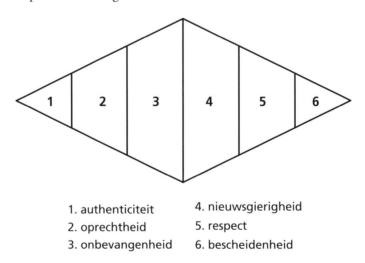

1. authenticiteit
2. oprechtheid
3. onbevangenheid
4. nieuwsgierigheid
5. respect
6. bescheidenheid

Figuur 2.1 Houdingen bij creatief en analytisch denken

Bij het creatief denken vormt authenticiteit, die jou onderscheidt van de rest, altijd de basis. Bij oprechtheid deel je je emoties, gedachten en handelen met de ander en blijf je altijd onbevangen om iets nieuws te leren of te ontdekken. Bij het analytisch denken is nieuwsgierigheid altijd het startpunt (je begint met vragen stellen). Daarbij zijn respect en bescheidenheid nodig om ruimte te laten voor sociaal contact en twijfel.

Samenvattend kunnen we stellen dat het analytisch denken structuur brengt in onze gedachten. Dat doe je door bijvoorbeeld gerichte vragen te stellen. Iemand die dat erg goed heeft ontwikkeld, is te vergelijken met een *onderzoeker*. Een onderzoeker wil de wereld om zich heen vooral met ratio begrijpen door orde te scheppen en continu bewijzen te leveren voor zijn interventies, aannames en beweringen.

Het creatief denken schopt daarentegen onze bekende denkbeelden in de war, confronteert ons met een andere wereld en doet een beroep op onze emoties. Dat doe je door met je emoties te communiceren of te provoceren. Iemand die dat heel goed kan, vertoont kwaliteiten van een ware *kunstenaar*. Hij of zij schept zijn eigen unieke werkelijkheid, zijn of haar kunst. Daarmee onderscheidt hij of zij zich van de rest van de wereld. Dat kan soms chaotisch overkomen op een leek, maar het bevat voor wie ervoor openstaat en voor wie heel goed kijkt, schoonheid of een dieperliggende boodschap.

Iemand die allebei de denkmanieren niet tot volle wasdom heeft ontwikkeld, is te vergelijken met een *consument*. Iemand die consumeert, maakt slechts gebruik van wat de ander onderzocht of geproduceerd heeft. Dat doet verreweg de meerderheid van ons vanwege gebrek aan tijd of aandacht of gewoon uit gemak(zucht) of praktische overwegingen. Consumeren vergt een minimale inspanning, vandaar dat het bijna geen beroep doet op het analytisch en creatief denken. Consumenten genieten vooral van wat anderen bedacht, gemaakt of ontdekt hebben.

In bijna alle sectoren kunnen professionals in zeer veel verschillende gedaantes zich als consument gedragen zonder dat ze zich hiervan bewust zijn. Dat is het geval als bijvoorbeeld een professional zich opstelt als een echte bureaucraat die blindelings de regels volgt die ooit zijn bedacht en zelf niet de moeite neemt om ze regelmatig tegen het licht te houden om de houdbaarheidsdatum te peilen.

Als we beide denkmanieren zouden combineren en daarin zouden excelleren, dan worden we een *ontdekkingsreiziger*. Een goed voorbeeld zou ik de beroemde geleerde Albert Einstein willen noemen, omdat hij bewust gebruikmaakte van zowel zijn creatief als zijn analytisch denken. Om dit duidelijk te maken citeer ik Einstein uit een interview gepubliceerd in *The Saturday Evening Post* van 26 oktober 1929. Daarin constateerde hij het volgende:

> *'I am enough of an artist to draw freely upon my imagination.*
> *Imagination is more important than knowledge.'*

Daarmee waardeert hij verbeeldingskracht boven kennis door meteen te stellen:

> *'For knowledge is limited, whereas imagination embraces the entire world, stimulating progress, giving birth to evolution.'*

Als ontdekkingsreiziger zijn we op een systematische manier voortdurend op zoek naar wat ons beweegt en inspireert. Dat betekent in de praktijk dat je eerst je hoofd leeg moet maken om extra ruimte te scheppen voor iets nieuws. Je hoofd helemaal schoonvegen van gedachten die je afleiden, is bijna onmogelijk. Ons denken gaat altijd door, maar een mix van concentratie, inspanning en ontspanning kan daarbij wel helpen.

Vervolgens selecteren en filteren we gestructureerd uit een wolk van informatie en ideeën een nieuwe wereld om tot de allernieuwste inzichten en ervaringen te komen. Concreet betekent het dat we op deze onderzoekende wijze zowel heel praktisch bezig zijn, op zoek naar meer kennis en verdieping, als met onze open houding bereid zijn om mooie dingen in ons en de ander te ontdekken en zo een stukje wijzer te worden (zie figuur 2.2).

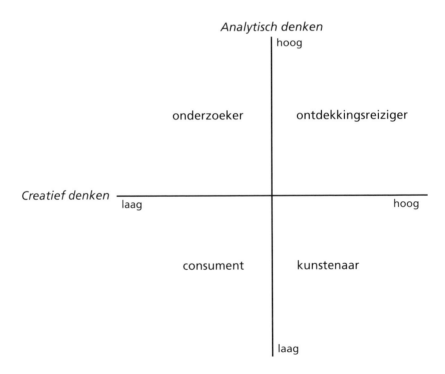

Figuur 2.2 Typeringen van creatief en analytisch denken

2.4 Het fenomeen denken

In mijn voorwoord heb ik al gesteld dat denken gelijk staat aan een mentaal proces van actief kijken, waarbij het eindresultaat ergens in ons brein een plek krijgt en van invloed is op ons handelen. Maar wie of wat dit denken stuurt, is nog een groot raadsel. Volgens de bekende hersenonderzoeker Dick Swaab zijn wij ons brein. In zijn boek *Wij zijn ons brein* (2010) betoogt hij dat wij slechts het product zijn van onze hersenactiviteiten. Zo bezien bepalen onder meer de structuur, aanleg en werking van ons brein wie we zijn en wat we denken. Daarom hebben we volgens deze onderzoeker geen vrije wil.

Los van het gegeven dat de omgevingsfactoren wel degelijk invloed uitoefenen op ons denken en doen, is er veel in te brengen tegen dit fatalisme vanuit een humanistische en sociaal-constructivistische houding die ervan uitgaat dat mensen zelf betekenis geven aan hun leven en nieuwe verbindingen maken. De kijk van Swaab kan ook worden samengevat als 'wij zijn ons alfabet'. In zijn visie zou het verhaal van de kleine prins ook slechts uit letters en woorden bestaan. Hoe het mogelijk is dat het verhaal met zijn universele boodschap zo veel mensen heeft geraakt, blijft een groot mysterie.

Het mensbeeld van Swaab is overigens niet nieuw, maar komt overeen met de opvatting van veel conservatieve gelovigen die sinds het begin van de mensheid hun (nood)lot in handen leggen van een hogere macht. Vanaf de Verlichting is het geloof in de almachtige ratio de nieuwe religie voor sommige westerlingen. In de kern wijkt het niet af van de overtuiging van sommige oosterlingen die naar de hemel wijzen om te verklaren wat op aarde gebeurt. Zo wijzen veel traditionele moslims op de uitspraak: 'God leidt wie Hij wil'. Dat betekent dat een mens eigenlijk niets in te brengen heeft en helemaal overgeleverd is aan de grillen van een onzichtbare hand, God genaamd. Met de constatering van Swaab dat we slechts het resultaat zijn van een andere godheid, ons brein in dit geval, waarmee hij zich in het kamp schaart van de fatalisten, verklaart hij echter niet hoe we in de praktijk denken. Op 23 maart 2011 ging ik met Swaab op Radio 1 in debat over de implicaties van zijn stelling dat 'wij ons brein zijn'. Betekent dat dat we aan onze genen zijn overgeleverd? En wat voor boodschap hebben we dan nog voor jongeren die op het punt staan het verkeerde pad in te slaan? En wat kan een hulpverlener nog met zo'n jongen, als omgevingsfactoren er niet toe doen? Het gesprek is nog terug te luisteren via de website van Radio 1.

2.5 Het denkproces

Hoewel we allemaal dagelijks bewust of onbewust (na)denken over zaken die ons verbazen, nieuwsgierig maken of ons gezicht rood kleuren, weet niemand precies hoe het denkproces werkt. Er zijn geen receptenboeken met duidelijke instructies waarin staat hoe je precies moet denken. Wel zijn er veel boeken geschreven hoe je het denken kunt activeren. Zo introduceerde Edward de Bono het spel van de zes hoofddeksels. Elke hoed staat voor een bepaalde stemming of karakter. Met een witte hoed speel je een neutrale rol (je beperkt je tot feiten en cijfers), met een zwarte hoed ben je negatief ingesteld (je ziet vooral wat er verkeerd kan gaan), met een rode hoed reageer je vanuit je gevoel of onderbuik, met een gele hoed ben je positief gestemd en met de blauwe hoed houd je van overzicht, controle en organiseren. Van alle denkhoeden is alleen de groene hoed (altijd op zoek naar iets nieuws) geschikt om creatief te denken.

Zoals Edward de Bono de denkhoeden voorstelt als conditioneringssignalen, die het chemisch evenwicht in de hersenen kunnen veranderen, ziet hij het brein als een soort machine die anders leert te denken door een gegeven rol aan te nemen en te spelen. Dat betwijfel ik, omdat de omgeving waarin we opgroeien ook zeer bepalend is voor *wat* en *hoe* we denken. Wat het spel van deze denkhoeden wel doet, is dat je je goed inleeft in een ander karakter en zo je stemming anders inkleurt. Maar het opzetten van een andere hoed verandert niet meteen je persoonlijke of professionele grondhouding. Je leert tijdelijk anders te kijken door een andere bril, maar niet structureel *anders* te denken. In de praktijk wordt ons denken door verschillende stemmingen *tegelijkertijd* beïnvloed. Zo is er veel overlap tussen de zwarte, gele en rode hoed, omdat ze alle drie oordelen vanuit hun visie op zaken én vanuit gevoel, alleen vullen ze het anders in. Zwart vult het negatief in, geel positief en rood afhankelijk van het gevoel van het moment.

Bovendien legt De Bono zo sterk de nadruk op het precies volgen van de karakterregels die bij een bepaalde hoed horen dat het iets kunstmatigs krijgt. Dat gebeurt wanneer we zijn hoedenspel niet meer als een middel zien om anders te leren denken, maar als doel beschouwen om ons denken te conditioneren en te structureren. Mijn punt is dat we van het gebruik van de zes hoofddeksels geen wonderen hoeven te verwachten, maar dat ze ons wel leren door een andere bril te kijken. Ze zijn bedoeld om onze stemming te veranderen en te kijken hoe dat van invloed is op onze kijk op dingen en zaken die ons bezighouden.

Los van mijn kanttekeningen bij de zes hoofddeksels vind ik praktische boeken als dat van De Bono altijd inspirerend, omdat ze een abstract iets als denken eenvoudig visualiseren en de intentie hebben ons denken te stimuleren. Dat is gelukt, want ik word ook uitgedaagd om na te denken over wat denken activeert. Maar de vraag blijft of we het ultieme antwoord kunnen vinden op de vraag hoe het denken precies werkt, zelfs wanneer we in staat zouden zijn alle hersencellen te onderwerpen aan onderzoek en analyse. We bestuderen slechts wat we kunnen waarnemen. Er is echter nog altijd iets van wat we een geest in ons lichaam noemen. Dat zal voor altijd verborgen en ongrijpbaar zijn. Voor het menseoog is onze geest of ziel ook onzichtbaar, maar het geloof erin is wel eeuwenlang van invloed geweest op ons denken. De geest groeit niet direct van meer (boeken)kennis, maar van levenservaring, diepe overtuigingen en wijsheid. Niemand die daar een complete beschrijving van kan geven, omdat de geest iets bovennatuurlijks heeft en niet in materie is te vangen.

Creatief denken is wat de geest is in ons lichaam: irrationeel, ongrijpbaar, maar wel in staat om schoonheid te scheppen en te ontroeren. Het heeft iets grensverleggends, net als de moderne kunst. Dit terwijl analytisch denken meer gebaseerd is op zichtbare stappen die ieder ander prima kan volgen, wat het tastbaar maakt en wat leidt tot kennisproductie. Ook dat heeft zijn eigen schoonheid. Denk aan decoratie die volgens vaste routine is gemaakt, zoals de Marokkaanse mozaïektafels versierd met tegels.

We leren van kinds af aan wel eten, drinken, praten en zelfs *wat* we moeten denken, maar niet *hoe* we zouden kunnen en mogen denken. Eigenlijk wel vreemd, omdat de mens niet zonder kan, net zoals primaire behoeftes. Je zou het denken haast kunnen vergelijken met de lucht die we inademen om in leven te blijven. Als we zouden ophouden met ademhalen, gaan we dood. Zo belangrijk is in figuurlijke zin gesproken het denken ook. Natuurlijk zijn er mensen van wie wij het vermoeden hebben dat ze niet of minder goed in staat zijn om voor zichzelf te denken, zoals mensen met een verstandelijke beperking. Toch moeten we hier niet automatisch van uitgaan. En we moeten zeker niet onderschatten wat zij zelf nog zouden kunnen doen, zoals Marloes, een jonge agoog, hieronder treffend verwoordt.

> 'Ik werk met verstandelijk beperkten. Jonge mensen die zelf moeilijk keuzes kunnen maken, dus doe je dit vaak voor de cliënt. Ik ben dus al vanuit mijn werk snel geneigd oplossingsgericht en adviserend te praten of te denken. Ik denk dat als ik meer probleemgericht te werk zou gaan met een doelgroep, ik misschien beter had geleerd om de cliënten dan zelf dingen te laten aandragen en ik dus een stapje terug zou kunnen doen qua denken.'

Voor bijna alle mensen is denken een primaire geestelijke behoefte. We kunnen het niet zien of voelen, maar het is wel noodzakelijk om als mens te groeien. De mens is bij uitstek een denkend wezen. Als het denken stopt, volgen we slechts onze instincten. Van dieren wordt vaak gezegd dat zij om die reden geen geweten kennen. Het feit dat de mens kan denken, onderscheidt ons van de rest van het dierenrijk. We kunnen daarom verschil maken tussen goed en kwaad. Dit gegeven gaat terug naar het begin der tijden.

Creatief analytisch denken

Volgens het Bijbelse verhaal over Adam en Eva strafte God deze oermensen, omdat ze ongehoorzaam waren aan zijn gebod om niet te eten van de verboden vrucht in het paradijs. Deze vrucht hing aan de boom der kennis. Door deze vrucht te eten werden ze zich bewust van hun gebreken en kregen ze besef van goed en slecht. Ze lieten zich niet leiden door wat hun werd opgedragen door God, maar lieten zich verleiden door duivelse influistering en ontdekten zo hun vrije wil.

We staan er niet altijd bij stil, maar dat we denken in meer of mindere mate en op bijna elk moment van de dag staat vast. Ook al rusten we uit, gaan we slapen: ons denken gaat gewoon door. We kennen verschillende gradaties van denken, van heel eenvoudig tot zeer complex. Het kan gaan om het maken van een boodschappenlijst, reflecteren op het eigen professioneel handelen of het ontrafelen van zeer ingewikkelde problemen en beantwoorden van filosofische vragen. Sommige mensen die iets meemaken wat een enorme indruk op hen heeft gemaakt, zoals de geboorte van een kind of de dood van een vriend, kunnen zelfs de slaap niet vatten. Van te veel emoties van geluk of verdriet kunnen de hersencellen te zwaar geprikkeld raken.

We weten ook dat ons kortetermijngeheugen beperkt is. Uit onderzoeken blijkt dat we gemiddeld zeven aaneengesloten cijfers tegelijk kunnen onthouden als we ze in een oogwenk op het bord zien verschijnen en pas een paar seconden later opschrijven. De beste manier om te achterhalen waar je gemiddelde zit, is gewoon uitproberen. Bij meer dan zeven cijfers schieten we in de stress als het ons niet lukt de nieuwe informatie naar ons langetermijngeheugen te transporteren. Krijgen we dus te veel impulsen in een korte tijd zonder het goed te verwerken, dan kan het brein overbelast raken. Dan kunnen de stoppen doorslaan (resulterend in agressief gedrag, extern gericht) of het denken kan overslaan in piekeren (resulterend in het ophopen van allerlei gevoelens van angsten, frustraties, zorgen of overspannenheid, intern gericht). Het woord *piekeren* komt overigens uit het Arabisch en is via het Maleis in onze taal opgenomen. Het woord is afgeleid van *fakkara,* wat 'denken' betekent.

Denken is iets wat in alle culturen gesocialiseerd wordt. Dat de ene beschaving in een bepaald tijdsbestek meer een onderzoekende en een open houding aanneemt en daardoor veel verder is in de kunsten, wetenschappen en techniek dan de andere beschaving, heeft ook met mentaliteit te maken en de tijdgeest. Toen bijna duizend jaar geleden de islamitische wereld op haar hoogtepunt was en men daarna dacht niets meer te kunnen leren van de andere, 'achterlijke', niet-islamitische culturen, begon het aftakelingsproces. Toen leerde het nageslacht niet meer *hoe* te denken, maar vooral *wat* te denken. Zie in dit verband ook het interview met de korangeleerde Nasr Abu Zayd in *NRC Handelsblad* van november 2009. Ik deel zijn visie daarin dat het gebrek aan vrij denken de oorzaak is dat de Arabische wereld is vastgelopen. In mijn artikel 'Allochtone kind is bang om na te denken' in *Trouw* van 22 april 2003 ging ik een stap verder door te beweren dat moslimkinderen zelfs bang worden gemaakt om zelf na te denken. Moslims leerden kennis te stampen in hun hoofden in plaats van te begrijpen en ze deden wat voorgeschreven was in plaats van zelf na te denken over de eigen koers. Dat heeft deels te maken met het gegeven dat religies die een sterk autoritaire leefstijl en gedrag voorschrijven, op gespannen voet staan met een onderzoekende houding naar hoe de wereld in elkaar zit.

Maar dat het denken hoort bij de menselijke natuur – waar je ook geboren bent – is een feit waar niemand omheen kan. Denken is te vergelijken met een natuurverschijnsel, een cadeau waarmee we op aarde komen. We hebben nu eenmaal ons brein, dat ons de mogelijkheid geeft om ons bewust te zijn van wat zich om ons heen afspeelt. Wij kunnen naar aanleiding van onze kennis en ervaringen bouwen op nieuwe inzichten. Die zijn we door ons verstand en creativiteit op het spoor gekomen. We stellen onszelf voortdurend vragen. Dit om onszelf en de omgeving beter te kunnen doorgronden, te verklaren of te begrijpen. Maar ook om de natuur naar onze hand te zetten zodat we onze behoeftes kunnen blijven bevredigen.

Of om ongemakken in ons leven uit te bannen en met spectaculaire uitvindingen te komen. Of om welke andere reden ook. We kunnen daardoor van onze fouten leren, anticiperen op toekomstige situaties en nog betere keuzes maken. In die zin betekent onszelf *verbeteren* altijd onszelf *veranderen*. Zonder verandering blijven we op het punt waar we ooit waren of we gaan zelfs achteruit. Met ons aanpassen kunnen we ons verder ontwikkelen, groeien als mens en iets nieuws bedenken en zo een rijke beschaving opbouwen. Kortom: we zijn in staat om van onze ervaringen te leren en om vooruit te denken.

We hebben het denken ook nodig om te kunnen overleven als mens. Het menselijke ras was waarschijnlijk allang uitgestorven als we de potentie van het denken niet hadden gehad. Dat gaf ons een enorme voorsprong om over de fysiek veel sterkere en gevaarlijkere dieren te kunnen heersen. Dat was ook de boodschap van Charles Darwin met zijn evolutietheorie. Hij sprak over de 'survival of the fittest'. Daarmee bedoelde hij niet dat de sterksten in de natuur de grootste kans hadden om te overleven en zich voort te planten, maar degenen die zich het best aanpasten aan de natuur.

2.6 Denken is communiceren

De stelling van Paul Watzlawick dat het onmogelijk is om niet niet te communiceren, geldt net zo goed voor het denken. We denken altijd en overal. Denken is een vorm van kijken en kijken is een vorm van communiceren. Communiceren doe je op basis van uitwisseling van informatie en waarneming. Vervolgens verwerk je deze informatie en voorzie je deze van betekenis en waardering. Je doet het altijd en hebt het nodig om contact te maken met wat jou bezighoudt of dierbaar is.

Natuurlijk is het reuzehandig als je slim geboren wordt. Toch is intelligentie geen eis om te leren denken en zo kennis te verwerven. De Amerikaanse psycholoog Howard Gardner gaat nog een stap verder. Hij onderscheidt diverse soorten van intelligentie. Sommigen leren beter in beelden. Zijn theorie heeft veel bekende wetenschappers geïnspireerd, zoals Mihaly Csikszentmihalyi, die veel onderzoek heeft gedaan naar creativiteit. Maar niet iedereen is overtuigd van de theorie van Gardner. Zo betoogde Jan te Nijenhuis dat het denkwerk van Gardner een wetenschappelijke basis mist en verwijt hij hem amateuristisch gestuntel (Te Nijenhuis, 2007). Wat in elk geval vaststaat, is dat iedereen kan leren denken, ongeacht zijn of haar intellectuele capaciteiten of achtergrond. Dat wisten de Oude Grieken al, de filosoof Socrates voorop. Hij knoopte gesprekken aan met mensen op straat over ethische vraagstukken over geluk en wijsheid.

Zoals je met betere ademhalingstechnieken en meditatie je lichaam beter kunt leren ontspannen en beheersen, of met regelmatig sporten je conditie op peil kunt houden, is dat met denken ook het geval. Je leert met denken beter om te gaan met nieuwe vragen en onbekende situaties waarin je belandt. Maar wie of wat prikkelt ons denken? Dat kan van persoon tot persoon enorm verschillen. Hieronder een citaat van een ervaren professional ter illustratie.

> 'Het eerste waar ik aan denk, zijn mijn kinderen. Zij prikkelen voortdurend tot denken. Zij stellen mij vragen en ik zie hun gedrag, waarbij ik voortdurend nadenk hoe ik daar het beste op kan reageren.'

Wat alle mensen – ongeacht hun achtergrond of professie – bindt, is dat *vragen stellen* helpt om ons aan het denken te zetten. Denken is dus een vaardigheid die je kunt oefenen en kunt verdiepen door te beginnen met vragen stellen. In dit boek leer je niet zomaar denken, maar creatief analytisch denken. *Dat betekent in de praktijk op een speelse én systematische wijze denken over zaken die ons dagelijks bezighouden of onze aandacht trekken.*

Op het eerste gezicht bevat dit nieuwe denken een paradox. Creatief denken heeft immers onbegrensde vrijheid nodig, gaat flexibel om met vaste denkpatronen en is niet gebonden aan tijd, kaders of modellen. Creatief denken is denken met zo veel mogelijk zintuigen, zonder beperkingen, zonder grenzen. Bij creatief denken zijn associaties maken, verbanden leggen tussen dingen die op het oog niets met elkaar gemeen hebben en werken met beelden, metaforen, muziek of andere kunstzinnige vormen meer regel dan uitzondering.

Ons beeld van analytisch denken is dat het heel systematisch plaatsvindt en binnen welomschreven kaders en stappen. Hoewel sommige wetenschappers zich afvragen of we wel greep hebben op ons denken, omdat we geen vrije wil zouden bezitten (zie het werk van Dick Swaab, en ook Victor Lammes boek *De vrije wil bestaat niet* (2010)), ben ik van mening dat het analytisch denken meestal beperkt is tot minimaal 'materie' waarnemen. We gebruiken namelijk slechts onze oren en ogen en het is gebonden aan tijd en ruimte. Dit cognitief of rationeel denken vindt heel gestructureerd plaats. Hierbij is denken in stappen, schema's, theorieën en concepten van belang.

Creatief denken kan niet zonder fantasie en analytisch denken kan niet zonder logica. Juist in een synthese schuilen de meest fantastische ideeën en de nieuwste inzichten. Het wordt nu de hoogste tijd dat we beschrijven wat iemand doet die het creatief analytisch denken beheerst.

> Bij creatief analytisch denken gebruik je zo veel mogelijk zintuigen binnen een bepaald tijdsbestek op een originele, ontspannen, bewuste en doelgerichte wijze in attributen, beelden en/of woorden om te communiceren over zaken die de aandacht trekken, zoals vragen, problemen en dilemma's.

In het volgende hoofdstuk beschrijf ik de praktijk van het creatief denken en het analytisch denken, zodat het nog meer gaat leven.

Hoofdstuk 3 Creatief denken en analytisch denken in de praktijk

De moderne maatschappij ontwikkelt zich steeds sneller op het gebied van technische mogelijkheden. Contact maken en uitwisseling van informatie over de digitale snelweg verlopen razendsnel. Dit gaat gepaard met schaarste aan tijd. We kunnen in deze hectische periode steeds minder aandacht besteden aan wezenlijke vragen die ons dagelijks leven en werk beïnvloeden. Waaruit bestaat onze identiteit? Hoe kunnen we onze zelfkennis vergroten? Wat maakt ons gelukkig? Welke bezigheden geven ons voldoening en passen bij onze roeping? Zulke vragen raken de kern van wie we willen zijn, welke idealen of doelen we graag nastreven en wat we in de praktijk doen.

Onze identiteit en missie raken ook aan onze normatieve professionaliteit, hoe we invulling willen geven aan ons werk, omgaan met de ander. Voor bewustwording van de eigen identiteit is ontmoeting met de ander die *anders* denkt en doet dan jij belangrijk. Verschillen koesteren en hierover regelmatig brainstormen zorgt ervoor dat we niet vastroesten in wat we denken en doen. Met als resultaat dat we geen slaaf worden van onze eigen vanzelfsprekendheden. Eenmaal vastgeroest zijn we moeilijk in staat om nieuwe kennis op te nemen of nieuwe ervaring op te doen. Dat gebeurt wanneer we de oude gewoonten en ideeën niet ter discussie durven te stellen. We sluiten dan de poorten voor de andere en nieuwe denkbeelden die niet passen binnen onze vertrouwde visie. We verliezen zo de grip op onze veranderende omgeving en onze drang om te groeien stopt onmiddellijk. Het jachtige leven van de mens van nu leidt onherroepelijk tot immateriële armoede. Er is immers geen tijd om op een creatieve en alternatieve wijze stil te staan bij wat ons echt bezighoudt. Alles moet snel, nu. Dat heeft ook invloed op de thuissituatie. Er heerst het gevoel dat we voortdurend onder tijdsdruk leven, zoals Irene, een sociale professional, het hieronder treffend formuleert.

> 'Ik wil juist een relaxte houding hebben en niet te veel de focus hebben op controle. Maar juist door de drukte en het gevoel te hebben dat ik het niet af ga krijgen, krijg ik stress en word ik gejaagder en gestrester. Dit komt dan juist tot uiting in mijn contact met mijn kinderen en partner. Die moeten het vaak ontgelden, want ik heb minder geduld met ze en word snel chagrijnig.'

Dit opgejaagde gevoel geldt ook zeker voor veel andere professionals in de dienstverlening. Ook zij komen te weinig toe aan hun eigen prangende vragen en wensen, laat staan aan die van de ander. Ondertussen worden hun taken steeds ingewikkelder, zwaarder en omvangrijker. Ze moeten vanwege het enorm doorgeschoten marktdenken, de tijd-is-geldmentaliteit, en vaak een overvolle agenda meer doen in minder tijd om hun klanten van dienst te zijn. Door deze toegenomen drukte ontstaat een onbehaaglijk gevoel van meer haast, onrust, stress, onzekerheid in handelen en angst om te falen.

Deze gevoelens van onmacht proberen professionals te ondervangen met het verder bureaucratiseren van hun werkzaamheden. Dat betekent in de praktijk nog meer tijd steken in het schrijven van verslagen dan in het helpen van hun klanten. Met als gevolg dat deze overdreven standaardisering ons steeds minder vrij laat voelen om ons buiten de gebaande paden te begeven. En niet onbelangrijk, steeds minder persoonlijk contact blijft over voor de ander, zoals jongerenadviseur Maria uit haar eigen ervaring opmerkt. Zij begeleidt jongeren tussen de 16 en 27 naar school en/of werk.

> 'Ik ben van mening dat het management inderdaad te veel belang hecht aan cijfers en resultaten. In mijn werk moet ik ook alles drie keer registreren. In diverse programma's moet ik cijfers noteren, verslagen maken en verklaringen opstellen. Dit kost mij zo ontzettend veel tijd. En het gaat ten koste van de tijd die ik overhoud voor persoonlijk contact met de jongeren. De hoogte van mijn caseload is bij tijd en wijle schrikbarend. Soms kom ik hierdoor alleen toe aan een intakegesprek en moet ik vervolgens de coachingsgesprekken maanden vooruit schuiven.
>
> Dit ervaar ik als zeer vervelend. Maar de baas is geïnteresseerd in de in- en uitstroomcijfers. Ook de politiek wil resultaten op papier zien, waar vervolgens weer mee naar buiten getreden kan worden. 'Kijk eens hoe goed wij het doen.' Dat dezelfde jongere vervolgens weer via de draaideur binnenkomt, omdat hij zonder goede begeleiding niet terechtkomt op een duurzaam traject met als doel duurzame arbeidsparticipatie, lijkt ineens niet meer belangrijk. Ik wil persoonlijk liever iets meer tijd in een jongere steken, zodat ik zeker weet dat we samen het best passende traject doorlopen, zodat uitstroom ook definitieve uitstroom betekent. Echter, snelheid van uitstroom is blijkbaar belangrijker dan duurzame uitstroom.'

Het voorgaande is tekenend voor veel professionals in de sociale sector. Het eigen werk helemaal dichttimmeren in procedures, protocollen, cijfers en overhaast moeten presteren zorgt ervoor dat sociale professionals in hun hoofden een gevangenis creëren waar dwang, regelzucht en tijdsdruk heersen. Iedereen doet wat hem opgedragen wordt en sluit zich op in zijn eigen 'veilige' hok. Deze 'eilandjesmentaliteit' bevordert weer niet het creatief denken. Daarvoor is het nodig dat we ons bevrijden van onze ketenen en nieuwe verbindingen maken met andere individuen, groepen en netwerken. We moeten als het ware uit ons bekende referentiekader durven te stappen en ons nieuwe vragen durven te stellen. Zo kunnen we tegenwicht bieden aan de waan van de dag.

Dat kan door ons hoofd zo veel mogelijk schoon te vegen van alles wat ons denken vervuilt en beknelt. Weg met de nare, negatieve en dwingende gedachten tot een gevoel van bevrijding en ontspanning volgt. Dat uit zich in opluchting: 'Aha, het kan ook anders!' Omdat we hier nauwelijks de tijd voor nemen, komen we er niet aan toe op een speelse manier aandacht te geven aan soms heel lastige vragen, problemen en dilemma's uit de praktijk. De gestreste professional concludeert al snel: 'Ho, ho, mijn hoofd loopt over, ik moet nu weg!'

Vraagstukken worden voor het gemak oppervlakkig besproken, geparkeerd, ontweken of zelfs genegeerd. Het zijn vragen als: Op welke kernwaarden baseer ik mijn persoonlijk en professioneel handelen? Hoe vertaal ik mijn waarden concreet in contact met de ander? Over welke competenties moet ik beschikken om mijn professioneel handelen verder te ontwikkelen?

Een manier om antwoord te krijgen op al deze vragen is hierop te reflecteren. Het is een goed voorbeeld van hoe het analytisch denken tot uiting komt. Het begint met het beschrijven van een concrete praktijkervaring, die indruk heeft gemaakt op de professional en vragen oproept, en het eindigt via een aantal stappen en vragen meestal met het formuleren van een persoonlijk leerdoel waaraan gewerkt wordt. Dat komt respectievelijk in het persoonlijke ontwikkelingsplan (wat ga ik doen?) en persoonlijke activiteitenplan (hoe ga ik het doen?), kortweg het POP en het PAP genoemd. Reflecteren is dus een vorm van analytisch denken. Dat gaan we middels een voorbeeld demonstreren. Daarna volgt aandacht voor creatief denken in de praktijk, als tegenhanger van reflecteren.

3.1 Reflecteren is analytisch denken

Veel professionals denken dat aandacht voor *reflecteren* op de eigen werkervaring voldoende is om bijvoorbeeld het eigen professionele handelen te ontwikkelen en te verdiepen. Dit beeld is erg beperkt. Toch wordt dit idee – reflecteren om de eigen professionaliteit te verhogen – gevoed in het hoger onderwijs. Het reflecteren is standaard opgenomen in het curriculum van veel hogescholen die opleiden tot sociale beroepen. Soms krijgt het aandacht op onderdelen in specifieke programma's, zoals het schrijven van een reflectieverslag naar aanleiding van een leertaak. Soms krijgt het reflecteren de volle aandacht in een vak als supervisie, waarbij studenten in een kleine groep aan de slag gaan met een eigen praktijkvoorbeeld. Zo reflecteren studenten die opgeleid worden tot agogen zich suf. Maar zonder creatief denken mist deze competentie zijn ontwikkeldoel. Dat is niet alleen het vergroten van zelfkennis, maar ook flexibel inspelen op onverwachte situaties. Bovendien richt het creatief denken zich op het ontdekken van een compleet 'nieuwe' ervaring. Dit is een wezenlijk verschil met reflecteren, want dat gebeurt altijd aan de hand van een 'oude' ervaring, hoe kort geleden ook meegemaakt.

Het reflecteren berust voornamelijk op het kritisch of analytisch denken over de eigen (werk)ervaring. Het maakt ons vooral achteraf *bewust* van *wat* en *hoe* we dachten, deden en voelden in een bepaalde situatie, begrensd door tijd en ruimte. Je wordt je bewust van je denkkader, je waarden, normen en je handelen van *toen* het gebeurde. Maar de uitkomst van reflectie geeft nog geen antwoord op de vraag hoe je *nu* je gedrag en dat van de ander in bijna alle denkbare situaties ter plekke zo kunt beïnvloeden dat het niet leidt tot irritaties of misverstanden. Soms is het improviseren geblazen.

Reflecteren en improviseren verdragen elkaar slecht, omdat reflecteren gestructureerd plaatsvindt en improviseren geen structuur kent. Laten we kijken naar de volgende casus om dit helder te krijgen. Een groepsleidster in een justitiële jeugdinrichting vertelt over haar ervaring met een Marokkaanse vader die zijn kind in haar bijzijn slaat.

> 'Er kwam een nieuwe jongen bij mij op de groep van wie ik mentor zou worden. Het was een jongen van Marokkaanse afkomst. Hij was zestien jaar. Ik noem hem Ali. Al bij de eerste kennismaking merkte ik dat hij zich erg 'vrij' gedroeg ten opzichte van mij. Ali bekeek me van top tot teen en zei dat hij me niet nodig had als mentor. Hij kwam provocerend op mij over. Hij sprak goed Nederlands, met een Marokkaanse tongval. Ik vertelde hem wanneer ik het gesprek gepland had. Hij gaf direct aan op een ander moment te willen komen. Ik interpreteerde het als dat hij wilde bepalen wanneer het gesprek met mij plaats zou vinden. Ik vertelde hem dat er geen ruimte is voor onderhandelingen en dat het was zoals het was.
>
> Tijdens het gesprek probeerde ik iets meer over hem te weten te komen door over zijn thuissituatie te praten. Hij bleek uit een traditioneel gezin te komen. Vader werkte in een fabriek en moeder was huisvrouw. Hij had meer jongere broertjes en zusjes. Hij gaf aan dat thuis alles goed ging. Hij zei: "Ik had geen problemen thuis." Zijn ouders spraken zeer matig Nederlands en wisten niets van het Nederlandse schoolsysteem.

Ali verloor zijn motivatie voor school en ging steeds vaker spijbelen. Zijn ouders wisten dat niet en gaven de school de schuld voor dit spijbelgedrag. De school had volgens hen tijdig aan de bel moeten trekken. Dat zagen ze als taak van de school.

Hij bracht veel tijd door op straat met zijn vrienden. Met deze groep hing hij rond en had hij allerlei delicten gepleegd. Van de opbrengst kocht hij trendy spullen, zoals een mooi horloge en een mp3-speler. Ook gaf hij veel geld uit in disco's. Zijn ouders vroegen hem nooit hoe hij aan deze spullen kwam, vertelde hij. Ik had wekelijks een gesprek met hem. Tijdens het gesprek keek hij me vaak uitdagend aan. Hij zat op zijn bed tegenover mij met zijn benen wijd uit elkaar, een beetje onderuit gezakt. Ik had het gevoel dat ik wel informatie van hem kreeg, maar dat ik niet echt contact met hem kreeg. In de loop van de weken bleek dat hij zich vooral bij het vrouwelijk personeel zo opstelde. Hij duldde geen gezag en schold de vrouwelijke groepsleiding bij het minste of geringste uit.

Na een paar weken zouden zijn ouders op bezoek komen. Ik stel het altijd zeer op prijs als ik even kennis kan maken met de ouders van mijn mentorjongens. Ik had aan de ouders gevraagd of ik even bij het bezoek mocht komen zitten. De ouders stemden daarin toe. Met Ali had ik ook besproken dat ik kennis wilde gaan maken met zijn ouders. Hij vond dat best. We hadden een afspraak in een kleine bezoekruimte. Er stond een tafel met vier stoelen, verder niets. Toen we eenmaal met zijn vieren rond de tafel zaten, kwam het gesprek moeizaam op gang. Moeder zei niets, vader sprak een beetje Nederlands. Vader vroeg op een gegeven moment hoe het met Ali ging op de groep. Ik vertelde wat er wel en niet goed ging. Ik benoemde ook dat Ali zich vijandig opstelde tegenover de vrouwelijke groepsleiding.

Vader vroeg wat hij dan deed, waarop ik vertelde dat hij ze regelmatig uitschold. Vader aarzelde geen moment en gaf Ali, in mijn bijzijn, een flinke klap tegen zijn hoofd. Ik schrok en zei tegen vader: "Ik vind het niet fijn dat u uw zoon slaat." Vader gaf me geen antwoord meer en keek me niet meer aan. Omdat het gesprek niet meer liep, ben ik weggegaan en heb vader, moeder en zoon achtergelaten in de bezoekruimte. Toen Ali weer terug was op de groep, zei ik tegen hem dat ik geschrokken was van de klap van zijn vader. Ali zei dat hij het niet erg vond, want "dan weet ik in ieder geval dat ik iets niet goed doe".'

Los van de vraag op welke momenten deze groepsleidster wel of niet goed heeft gehandeld, is de belangrijkste vraag met welke intentie ze het gesprek in ging met de ouders van Ali. Telkens wanneer ik deze vraag stelde aan agogen, die in een soortgelijke setting werkten, was er volgens hen maar één conclusie mogelijk. De groepsleidster was oprecht nieuwsgierig naar Ali's ouders en ze wilde graag het negatieve gedrag van hun zoon ten aanzien van vrouwen benoemen om samen een oplossing te vinden.

Laten we kijken wat haar werkelijke beweegreden was. Ze wilde de ouders de les lezen. Ik citeer letterlijk uit het verslag van de groepsleidster: 'Had dat kind toch beter opgevoed, dan was het niet zo'n ettertje geworden'. Deze verborgen boodschap is kennelijk goed overgekomen. De vader vat het negatieve gedrag van zijn kind op als een persoonlijke belediging en deelt uit machteloosheid een ferme klap uit. Ook om aan haar met zijn machogedrag te laten zien dat hij hem streng opvoedt en onder controle heeft.

Bovendien wordt het uitdelen van een flinke 'pedagogische tik' in sommige culturen als volstrekt normaal beschouwd. In de Marokkaanse cultuur is het in elk geval meer geaccepteerd dan in de Nederlandse cultuur. Dit gewelddadige antwoord van de vader kan de groepsleidster zeker niet waarderen. Dat druist in tegen haar moraal. Omdat ze niet weet wat ze moet zeggen, gaat ze hem onbedoeld weer de les lezen, weliswaar op een milde wijze verwoord: 'Ik vind het niet fijn dat u uw zoon slaat.' Dan stapt ze op.

Door weg te lopen, ontneemt ze de ouders de kans om van haar te leren hoe ze hun kind ook anders kunnen opvoeden. Met praten en overleggen bijvoorbeeld. Dat dat niet gelukt is, is ook aan de groepsleidster te wijten. Het slaan van kinderen past niet in haar cultuur en hoe zij opgevoed is. Met iets meer kennis over de cultuur van Ali en meer creativiteit in haar handelen had ze de vader op andere gedachten kunnen brengen of op zijn minst aan het denken kunnen zetten. Ze had ook kunnen reageren met: 'Ik zie dat u uw kind slaat, daar schrik ik van, want in Nederland mag dat niet, slaan van kinderen. Ik vraag me af of het slaan van kinderen in uw cultuur vaker voorkomt. Dit is de eerste keer dat ik zoiets meemaak. Ik wil weten waarom u dat doet. Ik wil graag dat u daar iets meer over vertelt.'

Op deze manier nodigt ze hem uit voor een dialoog. Ze is nieuwsgierig naar zijn beweegredenen en ze wil nagaan of wat zij denkt over hem ook klopt. Op deze wijze probeert ze haar oordeel op te schorten. Pas als ze weet hoe vader zijn kind opvoedt en hem daarna vertelt hoe het ook anders kan, wordt ook de vader zich bewust van zijn gedrag. Op het moment dat de vader zegt dat het slaan hoort bij de opvoeding van zijn kind, kan zij hier net zo lang op doorgaan totdat hij begrijpt dat er ook andere, effectievere manieren zijn om zijn kind duidelijk te maken dat iets niet mag.

Ze kan ook wijzen op een mogelijk verband tussen de ontsporing van zijn zoon en zijn 'gewelddadige' opvoeding. Het ligt voor de hand dat de meeste kinderen die met klappen thuis worden grootgebracht later zelf ook klappen uitdelen. De kans dat ze door hun gewelddadige inborst sneller over de schreef gaan en strafbare feiten plegen, is vele malen groter doordat ze de ander op straat sneller een klap verkopen, of erger, als hen iets niet bevalt, ze in hun eer aangetast worden of makkelijk willen scoren. Zij hebben nooit geleerd om zich op een geweldloze manier te uiten. Dat is open communiceren over wat hen bezighoudt, wat ze willen en hoe ze dat kunnen bereiken.

Als niets van dit alles lukt, dan houdt de dialoog gewoon op en volgt een heldere berisping: het slaan van kinderen zien we hier als mishandeling. Huiselijk geweld mag niet volgens de wet. In Nederland liep er op aandringen van het Tweede Kamerlid van de Partij van de Arbeid, Ahmed Marcouch, een onderzoek naar lijfstraffen in de Nederlandse moskeeën. Toen ik zelf in 1980 als jongen van negen jaar de moskee in het weekend bezocht om de Koran uit mijn hoofd te leren, was het volstrekt normaal om klappen te krijgen van een imam als je hem niet gehoorzaamde. Ik stond er toen niet bij stil dat slaan niet mocht, omdat het in mijn milieu volstrekt geaccepteerd was. Als je aan je vader vertelde dat je klappen kreeg van de imam, dan was de kans groot dat je van je vader ook klappen kreeg.

De professional geeft hoe dan ook het goede voorbeeld door juist niet te vluchten voor zulke lastige situaties. Zij gaat op een respectvolle manier de strijd aan met de vader en stelt het slaan als opvoedingsstrategie ter discussie. Tot slot maakt ze haar standpunt duidelijk. Met creatief denken sta je onbevangen tegenover wat zich allemaal om je heen afspeelt. Dat is niet hetzelfde als onverschillig staan. Integendeel! In dit geval betekent openstaan voor de vader dat je hem echt serieus neemt en je oordeel opschort.

Door hem meteen te veroordelen en van hem weg te lopen geeft ze het verkeerde signaal af. De vader kan denken dat ze – weliswaar onder klein protest – toch akkoord gaat met zijn corrigerende tik. Dan heeft achteraf reflecteren weinig zin. De groepsleidster is zich weliswaar bewust geworden van waar de schoen wringt. Zo is ze er op een onprettige manier achter gekomen dat in sommige culturen het slaan van kinderen behoort tot hun opvoedingsarsenaal. Maar ze is niet buiten haar referentiekader en schrik gekropen om te begrijpen waar het gedrag van vader vandaan komt en hoe dat positief te beïnvloeden en te voorkomen is.

Dat is het nadeel van het analytisch denken, zoals reflecteren. Dat is meestal op een zeer gestructureerde wijze, stap voor stap, kritisch terugblikken op je oude ervaringen en je handelen daarin en daaruit lessen voor de toekomst trekken. Het probleem is echter dat elke nieuwe situatie, ook al is die heel erg vergelijkbaar met de oude, toch net altijd iets anders verloopt. Dus kan nooit helemaal gegarandeerd worden dat deze lessen nog bruikbaar zijn. Op deze wijze is reflecteren een puur technische vaardigheid geworden om met name je zelfkennis, hoe je zaken ziet en aanpakt en wat voor gevoel je daarbij hebt, te peilen en te verdiepen. Er is, zagen we in dit voorbeeld over de vader die zijn kind slaat, geen extra ruimte om de ander bewust te maken van zijn onvoorspelbare gedrag.

Dat komt doordat het wezen van het analytisch denken ons vaak stuurt naar één punt. Dat mondt uit in een specifiek doel waar we mee aan de slag moeten gaan. We moeten oplossingsgericht denken. Vanuit de rechtenethiek bekeken is slaan van kinderen moreel verwerpelijk. In dit voorbeeld is dat: 'Ik wil communiceren dat slaan van kinderen niet mag. Hoe doe ik dat?' Dat kenmerkt zo'n nuchtere en analytische aanpak. Het houdt als het ware je hand vast zodat je van punt A naar punt B komt. Er loopt een ononderbroken weg van bijvoorbeeld vraag naar antwoord of van probleem naar oplossing.

Zo proberen we met nieuwe perspectieven en een beetje verschoven denkkaders toch controle te houden over onze gedachten en gevoelens. Dat is dankzij reflecteren. Maar reflecteren alleen is niet genoeg om te komen tot creatieve oplossingen, omdat het ons denken beperkt. We zullen in paragraaf 3.4 zien hoe we met de combinatie van creatief en analytisch denken *anders* zouden kunnen handelen in de voorgaande casus 'vader slaat kind'.

3.2 Creatief denken kent geen grenzen

Om helemaal uit je vastgeroeste rol of zelfbeeld te raken en los te komen van voorgeschreven modellen en kaders, die jou precies vertellen welke stappen je moet volgen om tot nieuwe inzichten te komen, is creatief denken noodzakelijk. Empathisch reageren en een open houding aannemen kunnen daarbij helpend zijn. Dat is helemaal loskomen van jouw vertrouwde vanzelfsprekendheden en zekerheden. Soms laat zich dat heel eenvoudig vertalen in alledaagse bezigheden, zoals Joeri Blokland, werkzaam als woonbegeleider voor jongvolwassenen met een beperking, vertelt.

> 'Laatst reed ik op het sneeuwvrij gemaakte fietspad, terwijl ernaast op het gras nog een mooi pak lag dat uitnodigde om overheen te fietsen. Ik vraag me af of dit creatief denken was; lekker die ruimte in die buiten het pad lag. Ik heb het gedaan en het voelde geweldig!'

Hoe zien we dat creatief denken terug in het voorbeeld van de vader die zijn kind slaat? Het antwoord ligt voor de hand: niet meteen communiceren dat slaan niet mag, maar eerst achterhalen waar dat slaan vandaan komt. Dat betekent in de praktijk dat je eerst vooral de wat- en waarom-vragen stelt. Wat we dus in het kader van creatief denken ons vaker zouden moeten afvragen, is: wat neem ik waar, waarom doet iemand dat, waar komt het vandaan en wat doet het met me? Je duikt daarmee in de belevingswereld van de ander in plaats van op een vermanende manier direct zeggen hoe het wel of niet moet. Creatief denken kost nu eenmaal meer tijd, maar op de langere termijn bespaart het ook veel gedoe, zeker als zulke situaties zich vaker voordoen.

Als excuus gebruiken veel sociale professionals dat ze regelmatig opgeslokt worden door dagelijkse beslommeringen in het werk. Daarnaast voelen ze een grote druk om snel te werken en te presteren. Ze willen 'niet te veel tijd kwijt zijn aan het bedenken hoe het anders ook kan'. Dat vergt behalve tijd en geduld ook extra energie en moeite. Het onderstaande voorbeeld komt van een budgetbegeleider van de Gemeentelijke Krediet Bank (GKB). Zij voelde zich schuldig dat ze in het begin te weinig geduld had en tijd nam voor het verhaal van haar Turkse klant. Dit terwijl tijd nemen en geduld hebben twee aspecten zijn die horen bij het aannemen van een empathische en open houding. Ze zijn de motor voor het creatief denken. Toen ze wel die ruimte pakte, begreep ze hem niet alleen beter, maar kon ze hem veel beter van dienst zijn. Eerst wordt de Turkse man geïntroduceerd door de professional, daarna vertelt hij zijn eigen verhaal.

'Deze man is in 1990 vanuit Turkije naar Nederland gekomen. Zeven jaar geleden is hij gaan samenwonen met een Turkse vrouw die uit Turkije hier is komen wonen. Samen hebben ze een zoontje van twee. Ik heb hen een paar keer eerder gesproken voor budgetbegeleiding. Ze zijn bij de GKB gekomen, omdat gedreigd werd met uithuisplaatsing. Er bleek sprake te zijn van een grote, problematische schuld. Toen ik hem opnieuw sprak, vroeg ik hem alles te vertellen wat hij aan mij kwijt wilde, zodat ik hem kon helpen. Dit is wat hij zei:

"Toen ik hier voor het eerst kwam, viel me meteen op hoe moeilijk jullie erover deden dat ik samen met mijn vrouw moest komen en dat ons zoontje er niet bij aanwezig mocht zijn. Ik heb ook steeds gezegd dat jullie, zoals alle instellingen van de overheid, nooit overleggen. Jullie zeggen wat we moeten doen, maar overleggen niet. In het begin had ik daar veel moeite mee. Nu kennen we elkaar en zie ik wel verschil tussen de verschillende mensen die hier werken. Jij bent heel rustig en vriendelijk en begrijpt onze situatie beter.

Al lange tijd heb ik geen werk, vroeger werkte ik als slager, daarna als huisschilder. Door een ongeluk kon ik dit werk niet meer doen. Ik heb veel last van mijn rug en nek. Daarom wil ik de auto niet kwijt, wel wil ik hem inruilen voor een kleine auto. Daar heb ik al veel garages voor afgebeld.

Jullie begrepen dat niet, ik heb heel vaak gezegd waarom ik de auto nodig heb, voor boodschappen doen. De Lidl is ver weg bij ons, wel twintig minuten lopen, dus dat kan niet. Te zwaar voor mij.

Je weet ook dat ik al langer depressief ben. Ik heb wel eens moeten afzeggen toen ik andere medicijnen kreeg en deze nog niet goed werkten. Mijn vrouw heeft het vooral heel moeilijk omdat we zo weinig geld hebben. Ze heeft veel last van haar gebit. Ik heb je wel eens gebeld toen ze nachten niet kon slapen en haar nek helemaal dik was geworden.

Je hebt ons naar de kaakchirurg gestuurd. Onze tandarts kan ons niet helpen, omdat we nog 700 euro moeten betalen. Maar ja, door alles, want we hebben veel nodig en kunnen dat niet kopen, hebben wij veel spanning en dat is laatst uit de hand gelopen. Ik heb mijn vrouw een klap gegeven. Ik moest toen een nacht bij de politie doorbrengen.

Nu hebben we hulp van Juvans. Hij belt je nog. Eerst wilde ik geen hulp, maar op jullie aandringen heb ik nu een bewindvoerder, want ik ben te depressief en mijn vrouw, dat weet je, praat heel slecht Nederlands.

We leven heel alleen, we kennen weinig mensen, ook niet veel Turkse mensen, er woont geen familie van ons hier. Daarom konden wij eerst ook geen oppas regelen voor ons zoontje, dat weet je.

We hebben geen geld om bij anderen op visite te gaan, want dan moet je ze ook weer uitnodigen en daar heb ik geen geld voor. Turkse mannen ontmoeten elkaar vaak in het café, maar dat doe ik ook niet, vanwege het geld.

Wat leuk is op dit moment is dat ik bij een Turks supermarktje gevraagd heb om werk. Eerst was dat goed, later bleek de eigenaar een paar schoolverlaters aangenomen te hebben. Maar ik loop nog vaak binnen en zeg dat ik veel teleurstelling in mijn hart heb. Misschien kan ik later toch daar gaan werken.

Ik heb ook gehoord van iemand die iedere dag vis haalt van Scheveningen of zo en dit rondbrengt bij de verschillende winkeltjes. Lijkt me heel leuk. Ik heb gezegd dat als je een maatje nodig hebt, ik meega. Ik kan niet veel doen aan de geldproblemen.

Ik vind het niet gemakkelijk dat ik nu een bewindvoerder heb, maar begrijp wel dat dat in ieder geval nu, met alle schulden, het beste is. Mijn vrouw vindt het ook heel moeilijk, zij snapt er nog minder van dan ik.

Ik vind het belangrijk dat jullie overleggen en vriendelijk zijn en niet alleen maar zeggen dit en dat moet je doen. Jullie moeten snappen dat wij het al heel moeilijk hebben. We doen heus wel ons best."'

Deze casus maakt duidelijk waarom het zo belangrijk is dat degene die hulp zoekt eerst een stukje van zijn levensverhaal vertelt. Ik nodig de lezer uit om na te denken of hij of zij dit herkent in zijn praktijk. In dit voorbeeld voelt de Turkse man zich beter op zijn gemak en kan hij alles kwijt wat hem dwarszit. Dat kost in het begin veel tijd, maar daardoor komt hij wel tot zijn recht. Dat komt weer ten goede aan de dienstverlening. In het vervolg is er minder tijd nodig om hem verder te helpen. De budgetbegeleider heeft een beter beeld van wat zich allemaal afspeelt. De kans dat ze niet symptomen aan het bestrijden is, maar de werkelijke oorzaken van zijn 'ongewenste' situatie ontrafelt, is vele malen groter met deze aanpak. Daarvoor is het noodzakelijk dat hij de kans en de tijd krijgt en zich natuurlijk vrij voelt zich uit te spreken.

Dit vrijuit spreken geldt ook voor de medewerkers onderling. In de praktijk voelen ze zich niet altijd op hun gemak of veilig genoeg om hun opvattingen te delen met de ander. Ze missen de aandacht of de waardering van andere collega's. Sommigen durven zich om die reden niet op hun passie te storten, omdat ze negatieve reacties vrezen. Dat gaat ten koste van hun creativiteit en spontaniteit. Ze stellen zich te bescheiden op of zijn bang om niet meer serieus genomen te worden bij het lanceren van hun creatieve ingevingen.

Waar het op neerkomt, is dat sociale professionals onvoldoende tijd nemen om op een creatieve manier tegen het licht te houden waarin ze geloven, wat ze doen, wat ze willen bereiken. Het is nu eenmaal makkelijker om op de oude voet dezelfde weg te bewandelen dan je eigen nieuwe weg te ontdekken. De eerste weg stuit op weinig weerstand. Conservatief ingestelde professionals doen slechts wat van hen verlangd wordt doordat ze in details in de voetsporen van de ander treden. De eigen weg zoeken stuit op veel verzet en roept extra vragen op. Toch is dat de enige manier om te achterhalen waarin jij gelooft, wat jou aanspreekt, wat werkt en wat niet werkt. Het kan ook het contact met de ander verdiepen.

Vandaar mijn pleidooi om meer aandacht te besteden aan creatief denken in het dagelijkse werk. Professionals moeten progressiever gaan denken, meer creativiteit aan de dag leggen. Want aan analytisch denken wordt meer dan genoeg aandacht besteed op school en op het werk. We werken altijd doelgericht in onze prestatiemaatschappij met meestal van bovenaf bepaalde doelen en targets. Aan analytisch denken is in onze dagelijkse praktijk geen gebrek, maar wel aan het creatief denken. Dat is zonder met een precies doel vooraf werken, maar wel met een heldere opdracht. Dit gebrek aan creatief denken in ons handelen gaat uiteindelijk ten koste van de kwaliteit van het geleverde werk. Als we het denken overlaten aan onze automatische piloot in ons hoofd en de ander na-apen, dan kunnen we nooit achterhalen wat werkelijk ten grondslag ligt aan ons oorspronkelijk denken en authentiek handelen. We kunnen niet beantwoorden aan onze visie en niet voldoen aan onze missie.

Niet onbelangrijk: bij gebrek aan creatief denken vertonen mensen steeds meer imitatiegedrag. Ze volgen keurig op wat ze geleerd hebben of doen wat er van bovenaf bedacht is. Ze volgen de ordeningsprincipes die organisaties opleggen. Dit houdt elke vernieuwing tegen, omdat er geen ruimte voor improviseren is. Om iets nieuws te kunnen scheppen moeten we met regelmaat afscheid nemen van wat aangeleerd is en met een schone lei beginnen. Dit breken met het oude vertrouwde is soms een heel pijnlijk proces. Je weet zeker dat je wat vertrouwdheid en zekerheid verliest, maar niet wat daarvoor in de plaats komt.

Dit proces is te vergelijken met de acculturatiestress die migranten meemaken als ze in een overgangsfase zitten van de 'oude' cultuur van hun herkomstland naar een nieuwe cultuur. Zij zullen afscheid moeten nemen van een stukje van hun vertrouwde identiteit en ze zullen een nieuwe identiteit moeten zoeken. Dit zoeken naar iets nieuws vergt niet alleen tijd, maar ook vaak moed en avontuurzin. En niet onbelangrijk: altijd een evenwicht bewaren tussen het oude vertrouwde en het experimenteren met het nieuwe. Dat betekent zoeken naar integratie van verschillen.

Bij een onbalans slaat men door in extreem gedrag. Degene die radicaal afscheid neemt van alles wat vertrouwd is of zich daar juist helemaal achter verschuilt, zal vroeg of laat identiteitsproblemen ondervinden. Assimileren is een andere gedaante aannemen die niet aansluit op de oorspronkelijke authentieke identiteit, maar het ophemelen van de eigen identiteit leidt onherroepelijk tot isolatie. En beide gevallen, vervreemding en isolatie, leiden tot verschraling van de kwaliteit van het leven en intellectuele armoede.*

Natuurlijk zijn er allerlei redenen op te sommen die het creatief denken remmen. Zo sprak ik een keer een hulpverlener die klaagde over de dwang van de maatschappij om vooral niet creatief te denken.

> 'Aan creatief denken kom ik te weinig toe, het grenzeloze, zonder regels. Ik zeg ook vaak dat ik rationeel en analytisch denk, omdat de maatschappij mij hiertoe dwingt. Dat voel ik op school en werk. De docent zegt: "Oh, wat zielig!" Deze opmerking is voor mij een eyeopener. Ik duik namelijk in de slachtofferrol. Ik doe net of het mij overkomt en of ik geen invloed heb op de situatie. Ik zie dat dit onzin is. Het is wel verleidelijk en gemakkelijk om op dezelfde voet door te gaan en juist niet stil te staan en de vrije ruimte te creëren.'

Sommige experts op het gebied van creativiteit beweren zelfs dat het huidige onderwijssysteem ons creatief vermogen en verborgen talenten verkwanselt. Zo stelt Ken Robinson: '*We are educating people out of their creativity.*' Daar heeft hij wel een punt te pakken. Zo is het hoger onderwijs er meestal niet op ingericht om talenten op te sporen onder studenten en vervolgens individuele aandacht te geven, maar om ze als groep te benaderen die allemaal hetzelfde traject moeten bewandelen en ze op precies dezelfde wijze te toetsen.

Daarbij is het niet altijd duidelijk welke aspecten precies op het gebied van kennis, houding en vaardigheden geleerd en getoetst worden. Zo gebruikte Han Blankert, beleidsadviseur van Leer-en Innovatiecentrum bij Avans Hogeschool, tijdens zijn

---

*Zie voor verdieping op deze thematiek ook mijn reactie op de integratienota van minister Donner in een interview in *Trouw* op 25 juni 2011.

workshop over toetsen eind juni 2011 het sprookje van *Hans en Grietje* om dit mooi uit te beelden. Hans en Grietje staan symbool voor studenten die verwachtingsvol het bos intrekken. Eenmaal gevangen in het huis van de heks, dat symbool staat voor het onderwijsland, leerden ze trucjes om de oude vrouw om de tuin te leiden om zo te overleven. Met andere woorden: het eenzijdig vetmesten van studenten, door alleen een beroep te doen op hun analytisch denken, om ze klaar te stomen voor de arbeidsmarkt, is niet voldoende om ze te laten excelleren.

Uiteraard is er nog een uitweg voor óf alleen aandacht voor het creatief denken óf alleen aandacht voor het analytisch denken. We zullen nu gaan zien hoe we ze het beste kunnen integreren en waartoe dat allemaal leidt.

3.3 Creatief en analytisch denken integreren is duurzaam contact maken

Als we het creatief denken en analytisch denken integreren, dan is het resultaat van deze beide denkmanieren – via contact met jezelf en de ander – je bewust worden van wie je bent, wat jou raakt, waar je goed in bent, wat je verbaast, beïnvloedt en vormt. Dit leidt tot het ontdekken van jouw talenten en exploreren van jouw kwaliteiten, jouw creativiteit en jouw eigen wijsheid en het bouwen van stevige bruggen met de ander. Dit komt uiteindelijk ten goede aan je werkplezier en de kwaliteit van je werk.

We zullen nu op een schematische manier beschrijven hoe deze twee denkmanieren tot elkaar kunnen komen. We staan eerst stil bij de verschillen tussen de uitkomsten van het analytisch en creatief denken. Vervolgens gaan we ze samensmelten en in de volgende paragraaf demonstreren we ze in de praktijk.

Analytisch denken

We hebben gesteld dat het analytisch denken ons leidt naar één punt. Het is onderworpen aan een hiërarchisch systeem, van stap na stap werken naar een vooraf bepaald doel. Dat noemen we hier 'convergeren'. Dat is wat er gebeurt met het analyseren: op een systematische manier informatie verzamelen, achterhalen wat anderen voor je hebben bedacht, tot welke nieuwe inzichten ze zijn gekomen en hebben verteld of op schrift hebben gesteld en daarna antwoord geven op je vragen.

Het analytisch denken is gebaseerd op het genereren van informatie middels onderzoek en de uitkomsten daarvan op een ordelijke wijze verwerken en analyseren. Dat kan bijvoorbeeld leiden tot een advies, aanbeveling of oplossing.

Convergeren leidt tot > analytisch denken.

Creatief denken

Het omgekeerde vindt plaats bij het divergeren: van één punt uitwaaieren naar alle kanten. Dit proces gedijt het beste in een anarchistisch systeem of bij gebrek aan een systeem. In zo'n context hoef je je niet te bekommeren of datgene wat je bedenkt wel realistisch is of dat iemand anders het kan onderzoeken, laat staan controleren of verifiëren. Het belangrijkste uitgangspunt is niet dat je voldoet aan de criteria die anderen van tevoren hebben bedacht en wetenschappelijk hebben onderbouwd, maar dat je nieuwe, onontgonnen terreinen verkent. Je bepaalt je eigen criteria en wijkt daarvan af op elk gewenst moment. Dat kan bijvoorbeeld leiden tot het ontdekken van je eigen talenten of het opdoen van de allernieuwste inzichten.

Divergeren leidt tot < creatief denken.

Als er geen brug geslagen wordt tussen deze denkmanieren, staan ze letterlijk met de rug tegen elkaar.

> < Zo staan analytisch denken en creatief denken los van elkaar.

Als we beide denkmanieren verbinden, ontstaat plotseling een nieuwe wereld aan nieuwe mogelijkheden. Wat het analytisch denken kan leren van het creatief denken, is dat het erg veel data kan genereren, openstaat voor talentontwikkeling en dat het ons kan verrassen. Wat het creatief denken kan leren van het analytisch denken, is dat deze data op een systematische manier worden geanalyseerd, waarbij meestal het kaf van het koren wordt gescheiden, en dat het de voorspelbaarheid vergroot. Als we ze zouden combineren, krijgen we het volgende plaatje.

< > Zo vloeien creatief denken en analytisch denken in elkaar over.

Dat betekent in de praktijk dat we met alles beginnen met het creatief denken. Dat kan zowel zelfstandig als in een groep. We zouden het creatief denken kunnen stimuleren door op individueel of groepsniveau vrijuit te laten denken over een casus die een probleem bevat of een vraag oproept. Laten we ons inbeelden dat het in een brainstormsessie gebeurt. Loskomen van bekende patronen is het doel van zo'n creatief proces. Dat kan op heel veel manieren en is afhankelijk van persoonlijke voorkeuren. De een wil lekker achterover zitten of liggen (na)denken, een ander wil wat doen en denken en weer een ander leeft zich helemaal uit in zijn of haar passie. We behandelen hier vier spelvormen die ons creatief denkvermogen activeren. Verderop zullen we deze manieren ook daadwerkelijk inzetten en combineren bij het oefenen van het creatief analytisch denken.

De vier spelvormen

1 OVERDRIJVEN
We kunnen zaken of kwesties extreem voorstellen en daarin enorm overdrijven.

Stel dat je als professional slechts 5 minuten de tijd krijgt om een goede indruk te krijgen van wat jouw klant beweegt en wil, hoe zou je het gesprek beginnen en welke vraag zou je per se willen stellen? Juist in zulke 'stressvolle' situaties, waar gebrek is aan faciliteiten en geen tijd is om het keurig volgens het boekje te doen, kunnen we plotseling heel creatief worden.

2 SPELEN
We kunnen spelen met de vraag of het probleem dat voortkomt uit de casus.

Zo kunnen we de vraag omkeren of het probleem omdraaien of bezien vanuit een heel ander, nieuw perspectief. Beroemd is in dit verband het citaat van de toespraak van de Amerikaanse president John F. Kennedy in 1961: *'Ask not what your country can do for you, ask what you can do for your country.'*

We zouden ook de casus kunnen naspelen, met de mogelijkheid van een time-out om commentaar te geven waar het dreigt fout te gaan of te kijken welke gevolgen bepaalde interventies hebben. We kunnen de casus in een totaal andere setting laten plaatsvinden (zeg: in een dierentuin, pretpark of op het dak van een flat) en kijken wat er gebeurt. Soms kunnen improvisaties ook leiden tot verrassende inzichten. We kunnen de rollen omdraaien: de professional speelt de klant, de directeur speelt de stagiair enzovoorts. In principe is alles mogelijk zolang we het doel niet uit het oog verliezen. Waar het om gaat, is dat we onze routine doorbreken van hoe we gewend zijn tegen vragen en problemen aan te kijken.

3 AFLEIDEN
We kunnen afleiding zoeken door onze focus op de kwestie totaal te verleggen.

Door bijvoorbeeld de tijd te nemen om even tot rust te komen kunnen we loskomen van de vraag of het probleem. Alles loslaten, anders kijken en loskomen van de kwestie is het doel. Dat kan bijvoorbeeld door je niet blind te staren op de kwestie. Of even je hoofd op andere gedachten brengen door een mooie wandeling te maken, te sporten, te werken in de tuin of te mediteren. Belangrijk hierin is dat je door inspanning tot jezelf komt en niet primair geleid wordt door het oplossen van een probleem of antwoord te geven op een vraag. Je hebt plotseling oog voor andere zaken. Je hoeft deze inspanning niet per se buitenshuis te zoeken. Je kunt ook genieten van het maken van een kopje thee of iets anders. Een vraag tekenen of uitbeelden met foto's uit een tijdschrift kan ook heel veel positieve energie geven om tot nieuwe inzichten te komen.

4 BRAINSTORMEN
We kunnen onze gedachten over een bepaalde kwestie, probleem of vraag de vrije loop laten.

Bij brainstormen is bijna alles geoorloofd. Zelfs het uitkramen van de grootste onzin en het maken van humoristische associaties, beelden en hilarische opmerkingen kunnen later heel waardevol blijken te zijn om het probleem of de vraag in een nieuw perspectief te plaatsen.

Het is een misverstand dat brainstormen van begin tot het einde altijd in groepsverband plaats moet vinden. Meteen samen beginnen te brainstormen kan zelfs nadelig zijn voor het creatieve proces. Niet iedereen doet mee. Het kan sommige mensen afschrikken om te brainstormen of slechts een enkeling aanspreken. Daarom kun je er ook voor kiezen om eerst ieder individu de tijd te gunnen om zelf ideeën te genereren en deze daarna in groepsverband uit te wisselen. Op deze wijze maak je optimaal gebruik van alle creatieve geesten en kan ieder ook tot nieuwe inzichten komen.

Telkens als we het gevoel hebben uitgeput te zijn in het genereren van allerlei nieuwe ideeën en ingevingen of besluiten om even te stoppen, is het de beurt aan het analytisch denken. Alle informatie die naar voren is gekomen, wordt op een systematische manier geordend, geanalyseerd, uitgewisseld, besproken, met elkaar verbonden en er volgen (voorlopige) conclusies. Als er niet voldoende uit komt, dan starten we gewoon opnieuw bij het beginpunt van het creatief denken en gaan we net zo lang door totdat we wel een bevredigend resultaat bereiken.

Het creatief analytisch denken is dus een eindeloze *denkketen*, die we op de volgende manier kunnen vormgeven:

<><><><><><><><><><><><><> et cetera.

3.4 Creatief analytisch denken toepassen en omgaan met verschillen

Tot nu toe hebben we gezien waarin het creatief en analytisch denken van elkaar verschillen, hoe je ze kunt stimuleren, wat ze beogen en op welke manieren je ze kunt integreren. Nu gaan we met behulp van de behandelde spelvormen (brainstormen, afleiden, spelen en overdrijven) kijken hoe we het creatief analytisch denken in de praktijk kunnen toepassen. We doen dit aan de hand van drie voorbeelden, waarin sprake is van (cultuur)verschillen, waarvan de casus 'vader slaat kind' al eerder is besproken (zie paragraaf 2.1).

We beginnen met de ervaring van een woonbegeleidster, Marion. Zij werkt met verstandelijk beperkte kinderen met gedragsproblemen. Ze vertelt het volgende:

'Saida, een Marokkaans meisje van twaalf, verbleef op de leefgroep. Haar ouders waren uit de ouderlijke macht gezet. Het is mij niet duidelijk waarom. Ik heb slechts een filmpje gezien (dat ze me vol trots had laten zien) waarop ze met andere kinderen op een politiebusje stond te dansen en te springen en de deuken erin stampte.

Saida vertelde alleen maar goeds over haar moeder. Die zag ze slechts eens per twee maanden op een bezoekmiddag onder begeleiding van haar voogd. Over haar vader wilde ze alleen maar kwijt dat hij een junk was, haar ooit met een mes bedreigde en dat ze hem nooit meer zag. Als hij nog eens langskwam, was dat omdat hij geld nodig had. Haar zus verbleef ook in een (gesloten) inrichting. Ze had ook nog een broer. Die was ouder dan achttien, verbleef wel thuis en deed dingen die het daglicht niet konden verdragen, maar dat vond Saida wel "cool". Hij was haar grote voorbeeld. Wat mij zo intrigeerde aan dit meisje, was het feit dat het voor mij zo zichtbaar was dat zij zich heel alleen voelde tussen al die Nederlanders. Niet alleen was zij van haar familie weggerukt, zij was ook uit haar cultuur weggerukt.

Er was voor haar op de leefgroep niemand met wie zij haar cultuur kon delen. Het enige wat wij voor haar konden doen, was haar een varkensvleesvrije maaltijd aanbieden. Saida ging haar cultuur en geloof op een voor mijn gevoel overdreven manier vertegenwoordigen. Ze vond alle Nederlanders stom, Nederlandse jongens lelijk, honden vond ze vies omdat dat in de Marokkaanse cultuur zo gevonden werd en ze wilde graag een hoofddoek, ondanks het feit dat haar moeder geen hoofddoek droeg. Voor de hulpverlening had ze al helemaal geen goed woord over. Volgens haar en haar moeder was ze geheel buiten haar schuld uit huis geplaatst en zij waren heel achterdochtig jegens het Nederlandse rechtssysteem, de Nederlandse politie et cetera.

> Ze kon en wilde wel de hele dag over Marokko, de cultuur en de gewoonten vertellen. Ik had het gevoel dat ze er een beetje in gevangen zat en wilde met haar in gesprek gaan. Ik had als doel haar radicale ideeën een beetje af te zwakken, zodat ze zich wat meer tussen ons op haar gemak zou voelen. Ze moest hier nu eenmaal, zeker voorlopig, verblijven. Ik vond het een lastig gesprek, omdat het me licht irriteerde dat zij zo op Nederland afgaf. Ik zei dat het toch maar fijn is dat ze hier in Nederland de keuze had tussen wel of geen hoofddoek dragen. "Kijk maar naar je moeder. Zij draagt er geen!" Ik bereikte er echter alleen maar mee dat ze dwars werd en zich van ons afkeerde.'

Het probleem in deze casus is dat Marion zich laat meeslepen door het negatieve oordeel van Saida over alles wat symbool staat voor Nederland. Ze voelt zich uitgedaagd om Nederland te verdedigen en het negatieve beeld van Saida bij te stellen. Deze reactie, hoe logisch ook, is typisch een uitkomst van een teveel aan analytisch denken. Zij probeert op een cognitief niveau, via kennis en argumenten, Saida te overtuigen van haar gelijk. Dit, terwijl Saida als twaalfjarige helemaal niet voor rede vatbaar is en met veel emoties praat.

Marion moet dus op zoek gaan naar een creatievere manier om haar wel te bereiken nu ze op een doodlopende weg is terechtgekomen. Creatief denken moet allereerst geprikkeld worden door een open en onbevangen houding aan te nemen. Een resultaat van dit *brainstormen* kan zijn dat ze datgene doet wat haaks staat op haar eerste logische reactie. Je wordt namelijk veel creatiever als datgene wat je doet niets uithaalt.

Dus niet: Nederland verdedigen en Saida inpraten hoe heerlijk het is om in Nederland te zijn. Dat werkt juist averechts, want Saida zal zich opstandiger gaan gedragen of zich opsluiten in haar cocon. Maar juist proberen te achterhalen waarom ze dat vindt door de focus te verleggen van haar negatieve kijk op Nederland naar haar positieve kijk op Marokko. Zo gaat Marion niet de strijd aan om het negatieve beeld van Saida om te buigen, maar probeert ze mee te gaan in haar geromantiseerde plaatje van Marokko. Marion zoekt daarbij *afleiding* door zich niet blind te staren op waarom Saida zo negatief is over Nederland, maar door zich af te vragen waarom ze zo positief is over Marokko.

Dit verleggen van de focus is de eerste voorwaarde bij het toepassen van het creatief analytisch denken. Als dat lukt, dan heb je sneller en beter contact en kun je beter omgaan met verschillen. De eerste voorwaarde luidt:

> *Verleg je focus: doe precies het positief tegenovergestelde van de uitkomst van het analytisch denken. Daarmee prikkel je het creatief denken.*

Natuurlijk is 'klagen met Saida over Nederland' niet de oplossing, want dat is een negatief tegenovergestelde van het analytisch denken. Bovendien zou Marion een toneelstukje moeten opvoeren om 'het afgeven op Nederland' te demonstreren. Dit overdreven gespeelde inlevingsvermogen komt uiteindelijk niet overtuigend over, omdat ze dat niet oprecht voelt en het bevestigt het negatieve beeld van Saida. Een positief tegenovergestelde is doorvragen over de fascinatie van Saida over Marokko. Op deze wijze kan ze een vertrouwensband opbouwen. Laten we kijken hoe het creatief denken bij Marion tot uiting komt.

> 'Ik merk dat je ontzettend enthousiast bent over Marokko. Ik ben nieuwsgierig geworden. Kun je me daar meer over vertellen? Ik ga de Bosatlas erbij pakken.'

Als het goed is, wordt Saida nog enthousiaster en zal ze vertellen waar haar ouders vandaan komen, wat haar zo aanspreekt in Marokko enzovoorts. Marion kan na een tijdje de focus langzaam verleggen naar Nederland en zo achterhalen waarom ze zo negatief spreekt over Nederland. Dat is de tweede voorwaarde:

Verleg je focus opnieuw: maar doe nu precies het positief tegenovergestelde van de uitkomst van het creatief denken. Daarmee prikkel je het analytisch denken.

Marion gaat dus niet plotseling zeggen hoeveel denkfouten Saida maakt en dat wat ze vertelt zwaar geromantiseerd is. Dat is namelijk het negatief tegenovergestelde van het creatief denken (belangstelling voor de fascinatie van Saida). Wat ze wel kan doen, is letterlijk de kaart van Marokko inruilen voor de kaart van Nederland. Marion kan haar als bruggetje bevragen over het stukje Marokko in Nederland door te praten over haar familie of over Marokkaanse vriendinnen in Nederland. Als het gesprek een positieve wending neemt, kan ze mogelijk achterhalen wat Saida echt dwarszit. Op deze wijze verlegt ze weer de focus naar Nederland en vraagt ze op een gestructureerde wijze door naar wat haar zo aanspreekt in Nederland. Met deze laatste voorwaarde is de cirkel weer rond:

Switch regelmatig tussen het positief tegenovergestelde van het analytisch en creatief denken en zorg dat je niet verstart en steeds weer openingen schept.

Het creatief analytisch denken zet met het voortdurend verleggen van de focus alles in beweging. Marion vertelt hieronder hoe het gesprek verliep toen ze haar focus verlegde van Nederland naar Marokko en van Marokko naar Nederland.

> 'Ik ging zonder oordeel naar haar luisteren en probeerde haar fascinatie voor Marokko en de Marokkaanse cultuur met haar te delen. Dat moest dan wel op het niveau van een twaalfjarige. Dus heb ik met haar over Yes-R gepraat, met wie ze wel wilde trouwen, en beaamd dat Ali B goede teksten bedacht. Samen hebben we het land Marokko in de atlas opgezocht en erover gebabbeld. Ik ben gaan werken vanuit mijn natuurlijke interesse voor een ander land en een andere cultuur zonder te proberen dit te veranderen. Al snel merkte ik dat ik toen veel beter op haar kon aansluiten en van daaruit de wat diepere gesprekken met haar kon voeren over het missen van haar zusje. Ik merkte dat ze ook niet meer zo opstandig was tegen alles wat Nederlands was. Door naar haar te luisteren kon zij ook naar mij luisteren. Daardoor kon ik haar beeld over Nederland positief bijstellen.'

Creatief analytisch denken

Marion demonstreert op deze manier hoe ze het creatief analytisch denken toepast in haar praktijk. Ze vermijdt de negatieve polarisatie door Saida onmiddellijk tegen te spreken en haar te wijzen op denkfouten. Ze schiet niet meer met scherp op haar negatieve woorden over Nederland, maar onthoudt zich van een oordeel. Zo nodigt ze Saida uit om eens te vertellen waar ze wel positief over is. Dit maakt Saida ontspannen en daardoor staat ze open voor de zienswijze van Marion.

Stel dat praten in dit voorbeeld niet zou helpen en vertellen over haar achtergrond onvoldoende oplevert, dan zijn ook andere spelvormen mogelijk. Een daarvan is werken met beelden. Marion zou Saida een vel papier en stiften kunnen geven en vragen of ze haar fascinatie voor Marokko wil uitbeelden. Daarna kan ze hetzelfde principe – het verleggen van de focus – toepassen door haar later bijvoorbeeld een stukje Marokko in Nederland te laten tekenen. Belangrijk om te vermelden is dat steeds weer het contact maken met de ander het doel is, door elkaar voortdurend te inspireren, ongeacht het middel dat gebruikt wordt.

Het creatief analytisch denken kan ook worden toegepast in situaties waarin betrokkenen niet dezelfde taal spreken. Neem het volgende voorbeeld ter illustratie waarin een Nederlandse moeder vertelt over haar volgende ervaring:

> 'Ik heb persoonlijk ervaren hoe lastig het is als je niet met niet-Nederlands sprekende (in dit geval Marokkaanse) ouders kunt communiceren. Mijn dochter werd terwijl zij buiten aan het stoepkrijten was, geslagen en geschopt door een meisje van wie achteraf blijkt dat haar ouders van Marokkaanse afkomst zijn. Dit was al de tweede keer dat dit gebeurde door ditzelfde meisje. Ik wilde omdat ik het meisje niet zelf aantrof, verhaal halen bij haar ouders. Wanneer ik aanbel, doet een mevrouw open.
>
> Ik vraag haar of zij de moeder van Esma is. Ze zwaait met haar arm en roept daar Esma's naam bij, waaruit ik begrijp dat zij bedoelt dat Esma buiten is. Ik vraag nogmaals: "U mama Esma?" Weer zwaait zij met haar arm en roept daar Esma's naam bij. Ik vraag haar vervolgens of ze Frans spreekt, wetende dat er Marokkaanse mensen zijn die de Franse taal machtig zijn. Ze haalt haar schouders op en ik begrijp daaruit dat ze deze taal niet spreekt. Ik zeg haar goedendag en voel me rot bij deze situatie. Wat moet ik hier nu mee? Ik zou het fijn gevonden hebben als zij de taal wel machtig was geweest en we samen naar een oplossing voor het probleem hadden kunnen kijken.'

Laten we kijken hoe de moeder haar focus kan verleggen. In dit geval lost het gesproken Nederlands helemaal niets op. In plaats van de Marokkaanse moeder in woorden te vertellen wat Esma haar dochter heeft aangedaan, kan ze het ook uitbeelden. Dat is een andere manier waarop ze de boodschap kan overbrengen. Dit is tevens het positief tegenovergestelde van het analytisch denken: niet verbaal, maar non-verbaal communiceren.

Ze kan het sla-incident *naspelen*. Dit spiegelen van gedrag sluit ook aan bij de non-verbale communicatie van de Marokkaanse moeder. Want zij zelf zwaait met haar armen naar buiten als ze de naam van Esma hoort, omdat zij denkt dat de Nederlandse moeder haar wil spreken of zoekt. De Nederlandse moeder begrijpt hieruit dat ze buiten is. Hoe kan de Nederlandse moeder de Marokkaanse moeder in beelden duidelijk maken dat Esma haar dochter heeft geslagen? Zij kan de naam 'Esma' een paar keer herhalen en tegelijkertijd een slaande beweging naar haar eigen dochter maken. Ze kan hierbij eventueel wijzen naar blauwe plekken. Daarna wijst ze met haar twee vingers omhoog als teken dat dit slaan twee keer heeft plaatsgevonden. Vervolgens kan ze de focus weer verleggen van creatief naar analytisch denken en met haar gezicht laten zien en met woorden benadrukken dat het slaan van Esma de Nederlandse moeder boos maakt.

Ook al snapt de Marokkaanse moeder niet helemaal wat de Nederlandse moeder zegt en zal ze niet precies weten wat er gebeurd is, ze zal het slaan-gebaar van de Nederlandse moeder, die laat zien dat ze boos is, zeker met Esma bespreken. Dit bespreken lost niet direct het probleem op, maar voorkomt wel dat de Nederlandse moeder met een rotgevoel naar huis loopt. Zij weet dat de Marokkaanse moeder aan Esma gaat vragen wat er precies gebeurd is. De Nederlandse moeder heeft bij haar geklaagd.

We komen tot slot nog een keer terug op de casus 'vader slaat kind' en pakken de draad op daar waar vader het kind een mep geeft. De groepsleidster schrok terecht van de klap, maar de kunst is om nu het positief tegenovergestelde te doen van de uitkomst van het analytisch denken. De uitkomst van het analytisch denken is van juridische aard: 'Kinderen slaan is niet toegestaan.' Het negatief tegenovergestelde is dat de groepsleidster ook met een strenge blik de vader de les leest: 'Hé, stop! U mag uw kind niet zomaar slaan, hoor!' Dat zal de vader als een klap in zijn gezicht beschouwen, en hem misschien doen schrikken, waarop hij afhankelijk van zijn gemoedstoestand vol tegengas geeft of opstaat en weggaat, net zoals de groepsleidster in het begin deed. Dus zal ze het positief tegenovergestelde moeten doen om hem te bereiken. En dat is hem positief prikkelen: 'U slaat uw kind. Als dat behoort tot uw cultuur en opvoeding, vindt u het goed als ik uw kind voortaan ook sla als hij niet naar mij luistert?'

Door de zaak te *overdrijven* kan ze hem een spiegel voorhouden. Het maakt dan niet zoveel uit of de vader deze vraag met een 'ja' of 'nee' beantwoordt. In beide gevallen kan de groepsleidster vertellen waarom slaan averechts werkt. Zo getuigt het slaan van kinderen van machteloosheid, gebrek aan communicatie en natuurlijk gezag. Op deze wijze switcht ze van focus tussen creatief en analytisch denken.

Dit switchen – doe precies het positief tegenovergestelde van waar je aan gewend bent – kan ook helpen om beter om te gaan met cultuurverschillen. Neem als voorbeeld hoe te handelen als je een ingepakt cadeau krijgt en aanneemt. In Nederland is het heel gebruikelijk om het cadeau in het bijzijn van de gever te openen en vervolgens daarvoor te bedanken. In veel oosterse culturen is dat niet gepast. Behalve dat men het in eerste instantie een paar keer beleefd afwijst, zal men bij het aannemen de gever bedanken, maar het cadeau meteen wegleggen. Pas als de gever weg is, wordt het cadeau uitgepakt.

3.5 De kracht van het creatief en analytisch denken

Juist in de combinatie van creatief én analytisch denken schuilt het geheim om duurzaam contact te maken en beter om te gaan met verschillen. Het regelmatig switchen van de focus tussen creatief en analytisch denken voorkomt dat we vastlopen en op een doodlopende weg terechtkomen of alles aan de automatische piloot overlaten. Bij het analytisch denken is het de ratio die ons structuur biedt en onze logica stimuleert. Bij het creatief denken is het de verbeeldingskracht die fantasie, gevoel, empathie en talent in ons prikkelt. Om te bereiken dat jouw visie, missie, identiteit en wat je doet en betekent voor de ander naadloos op elkaar aansluiten. Om te bereiken dat er geen ruis ontstaat in wat jij denkt en doet. Om te bereiken dat je tevreden bent of zelfs geluk vindt in wat je gelooft, doet en nastreeft. Dit gebeurt niet alleen op basis van jouw kennis en ervaring, maar ook op basis van je gevoel, vanuit je werk of in privésituaties.

Creatief analytisch denken helpt je om boven jezelf uit te stijgen. Door je letterlijk te bevrijden van je opgelegde beperkingen kom je tot nieuwe ideeën en nieuwe inzichten. Dit leidt ertoe dat je niet alleen groeit als professional, maar ook als mens. Dat de combinatie van analytisch en creatief denken soms veel spanning oproept, is voorspelbaar, zoals in het citaat van een sociale professional duidelijk wordt.

> 'Bewust en aandachtig zijn hierin termen die voor mij heel paradoxaal zijn. Enerzijds wil ik heel aandachtig zijn, anderzijds kan ik er weer allergisch op reageren als het alleen maar gaat om beleving en als er weinig doelgericht wordt gewerkt.'

Een eigen visie ontwikkelen begint telkens met vragen stellen die jou persoonlijk en professioneel bezighouden. Hoe wil ik omgaan met mijn klanten? Wat zijn hun (onderliggende) vragen en behoeften? Wat kan ik betekenen en doen voor de ander?

Deze vragen zijn heel belangrijk om met regelmaat te stellen, zodat je niet het contact met jezelf en de ander verliest. Deze professionele blik op jezelf en de ander kun je niet eenzijdig ontwikkelen door alleen rationeel te denken. Het alleen volgen en toepassen van aangeleerde methodieken om de vragen van de ander te beantwoorden of zijn of haar problemen op te lossen is geen garantie voor een succesvolle interventie. Het is vereist buiten de bekende wegen te zoeken naar nieuwe manieren waarop je visie en missie voortdurend toetst aan de praktijk en je identiteit. Daarom is – behalve ons gezond verstand gebruiken – het inzetten van creatieve verbeeldingskracht, zoals verhalen, beelden en metaforen gebruiken, het belangrijkste kenmerk van ons professioneel handelen.

Het combineren van creatief denken en analytisch denken kan je helpen te voorkomen dat je vastroest in je denkpatronen. Daarnaast ben je je altijd bewust van je referentiekader en kun je daar ook afstand van nemen, indien nodig. Het creatief analytisch denken kan zelfs je motivatie en kijk op je werkinhoud positief beïnvloeden. Dit alles leidt tot een beter gevoel, omdat dat wat je uiteindelijk doet, goed doordacht is en ook gevoelsmatig goed past bij jouw visie en identiteit.

Het denken in *wat, hoe* en *waarom* je het doet zoals je het doet, verhoogt immers de kans dat je gekozen interventies betekenisvol en zinvol zijn en dat ze daadwerkelijk bijdragen aan de doelen en wensen die je wilt realiseren. Daarom zou iedere professional die van zijn of haar vak houdt, regelmatig de ruimte en tijd moeten nemen om vragen die hem of haar bezighouden tegen het licht te houden. Het trainen in creatief analytisch denken verhoogt zowel de persoonlijke als de professionele ontwikkeling. Dat is precies wat we in het volgende hoofdstuk gaan doen.

Hoofdstuk 4 Oefenen in creatief analytisch denken

We hebben in het vorige hoofdstuk gezien hoe het creatief denken en analytisch denken concreet worden gemaakt en wat de zegeningen zijn om ze samen te smelten. Nu wordt het tijd om verder te oefenen en te verdiepen.

4.1 Tips voor creatief analytisch denken

Voordat we daadwerkelijk gaan oefenen in creatief analytisch denken, volgt hieronder eerst een aantal tips. We beginnen met de belangrijkste.

Tip 1 Bekijk de wereld door de ogen van een kind.
Hoe jong het kind is, is afhankelijk van jouw favoriete leeftijd. Dat kan per persoon variëren. Een mooi voorbeeld is hoe de kleine prins de wereld om hem heen probeert te verkennen en te begrijpen met het stellen van eenvoudige vragen. Dit houdt in dat je op een onbevangen manier en met een nieuwsgierige blik naar vragen, dilemma's en problemen kijkt. De eigenschap onbevangenheid, die zich uit in een tolerante houding, helpt bij het creatief denken.

Nieuwsgierigheid, dat zich uit in een onderzoekende houding, stimuleert het analytisch denken. Met een onbevangen blik laten we ons graag verrassen. We kunnen niet voorspellen wat er precies gaat gebeuren. Met een onderzoekende houding proberen we juist grip te krijgen op de situatie door zo min mogelijk zaken aan het toeval over te laten en veel vragen te stellen. Beide eigenschappen bevorderen onze wil om meer te weten van wat onze aandacht trekt.

Misschien herinner je je als kind dat je bij alles een waarom-vraag stelde. Al heel vroeg wordt je nieuwsgierigheid vanzelf geprikkeld voor alles wat je om je heen waarneemt. Voor een kind is alles nieuw en bijzonder. Dankzij zijn onbevangenheid kijkt het met een onbevooroordeelde en frisse blik naar wat het ziet en meemaakt. Het kind beperkt zich niet alleen tot de waarom-vragen. Het zoekt naar betekenissen van wat het ziet en hoort in zijn omgeving in de vorm van een vraag als: 'Wat is dat nou?' Dat het goed is om ook op volwassen leeftijd regelmatig door de ogen van een kind te kijken naar eeuwenoude vragen, 'bewijst' het volgende gesprek tussen Tanja, een deeltijdstudente aan de Academie voor Sociale Studies, en haar kind.

> 'Wat is denken? Dat is de vraag die mij na mijn les onderweg naar huis bezighield. Ik vroeg het thuis aan mijn jongste. Hij antwoordde: "Denken zit in je hoofd. Het is eigenlijk een soort praten met jezelf en je doet het altijd."'

Dat deze uitspraak van een kind precies aansluit bij een citaat van de beroemde filosoof Immanuel Kant – 'Denken ist reden mit sich selbst' – is geen toeval. Kinderen zijn nog onbedorven, bekijken de wereld onbevangen. Daarom werpen ze met hun kinderlijke, eenvoudige en scherpe observaties veel licht op ingewikkelde vraagstukken. Wat het creatief analytisch denken remt, is niet openstaan voor andere (nieuwe) invalshoeken en je afleren om de wereld als kind te bezien. Hier ligt meestal aan ten grondslag dat we confrontaties vermijden die ons dwingen tot bezinning en reflectie. We maken het onszelf vaak nodeloos ingewikkeld door blind te varen op wat we altijd gewend zijn, onze aangeleerde routine, of door te veroordelen wat afwijkt van de standaard.

Hier zijn wij ons meestal niet van bewust. Vaak zit onze verouderde kennis en ervaring – 'ik heb het altijd zo gedaan en dat werkte goed' – ons in de weg om iets nieuws te leren. We zijn vaak verslaafd aan onze aangeleerde en ingesleten gewoontes en vanzelfsprekendheden. Het vergt soms moed en lef om vertrouwde zaken of zekerheden los te laten, af te gaan op je instinct en zo af te wijken van platgetreden paden. Zonder aandacht voor zowel de creatieve geest in ons als het analytisch vermogen in ons brein komen professionals onherroepelijk in de knoop met zichzelf.

We kunnen het creatief analytisch denken extra in beweging krijgen door de tweede tip op te volgen.

Tip 2 Open zo veel mogelijk je zintuigen voor de ander en je omgeving.
Dit wil zeggen dat je bijvoorbeeld niet alleen hoort wat de ander vertelt, maar ook goed luistert en observeert *hoe* de ander zijn of haar boodschap overbrengt. Je voelsprieten wagenwijd openzetten is het einddoel. De motor is een oprechte belangstelling voor

nieuwe dingen, het vreemde, je gedachten positief beïnvloeden, je identiteit nooit verloochenen en je respectvol en bescheiden opstellen. Daarbij is het van belang om zo veel mogelijk van al je zintuigen gebruik te maken en altijd maar vragen te stellen en een open houding aan te nemen.

De laatste tip voordat we met de oefeningen aan de slag gaan, luidt als volgt.

Tip 3 Blijf authentiek in je denken en doen.

Creatief analytisch denken is geen kunstje dat je zomaar aanleert en uit de kast haalt wanneer het zo uitkomt. Het is een manier van kijken waarbij je door te oefenen en te verdiepen steeds beter contact maakt en steeds beter omgaat met jezelf, de ander en je omgeving. Dat betekent concreet dat je zaken die jouw diepste roerselen raken, altijd kritisch bespreekbaar durft te maken en dat je de kwestie van alle kanten belicht. Desnoods houd je de hele zaak op zijn kop, tot het lampje bij de ander gaat branden waar jij staat. Dit vormen zeer belangrijke uitgangspunten van je levenswijze en identiteit. Het volgende fragment dient ter illustratie.

> 'In mijn werk als groepsleider met gedetineerde jongeren word ik regelmatig respectloos behandeld, uitgescholden en soms zelfs aangevallen. Zo had ik een jongen van veertien jaar van Marokkaanse afkomst. Hij schold mij uit voor "kankerhoer". Dit omdat hij probeerde onder een huishoudelijke taak uit te komen en ik hem daarop aansprak. Ik heb hem met een time-out op zijn kamer gezet en ben later met hem in gesprek gegaan. Hij vertelde dat hij zich voor schut gezet voelde tegenover de andere jongens. Ik had hem in zijn eer aangetast. Ik snapte dat wel en we spraken af dat als ik kritiek op hem zou hebben, ik hem even apart zou nemen in mijn kantoor. Ik sprak hem er wel op aan dat ik vond dat hij me ook vernederde door me voor "kankerhoer" uit te schelden. Ik vroeg hem hoe hij dat zou vinden als iemand dat tegen zijn moeder of zus zou zeggen. Hij reageerde fel en zei dat diegene dan dood zou zijn. "Ik ben ook iemands zus en iemands moeder, dus verdien ik dat niet", zei ik tegen hem. Hij snapte dat wel. We zouden beiden ons best blijven doen om vanuit respect met elkaar om te gaan.'

4.2 Oefeningen met metaforen

We hebben tot nu toe met uiteenlopende praktijkvoorbeelden gezien hoe we creatief en analytisch denken kunnen activeren en inzetten. Nu gaan we creatief analytisch denken verdiepen met acht oefeningen. Zoals eerder opgemerkt, zijn ze bedoeld om nieuwe inzichten op te doen en om zowel houdingsaspecten als beroepsvaardigheden verder te ontwikkelen. Een extra toelichting voor wie ermee aan de slag wil gaan, geven we in paragraaf 4.3. Maar eerst volgt een korte beschrijving van waar ze op gebaseerd zijn en wat ze inhouden.

De oefeningen zijn per twee geclusterd aan één metafoor: *boom, reis, grot* en *kaart*. Deze vier metaforen zijn weer ontleend aan het Arabische sprookje *Mimoun en de koning* (zie bijlage 1). Dit verhaal gaat over een jongetje dat via een bruiloft per toeval in de wereld van de geesten belandt en daar met een plattegrond zijn familie zoekt. Het staat symbool voor de zoektocht naar zijn identiteit. Het is op meerdere scholen in Brabant (voor)gelezen en opgevoerd met een verhalenverteller.

Hieronder volgt meer uitleg over waar de vier metaforen voor staan. Vervolgens wordt per oefening ingezoomd op het spel, resultaat en het bereik. De meeste oefeningen gedijen het beste als ze minimaal in tweetallen worden gemaakt en besproken.

Deel 1 De Boom
In deel 1 staat de boom voor 'groei'. Groeien vereist dat je afstand neemt van je referentiekader en openstaat voor nieuwe inspiratie.

Deel 2 De Reis
In deel 2 staat de reis voor 'onthechting'. Onthechten betekent hier een stukje van je ego verbranden en je verplaatsen in de ander.

Deel 3 De Grot
In deel 3 staat de grot voor 'bezinning'. Jezelf overstijgen kan door je te bezinnen op je vragen en antwoorden.

Deel 4 De Kaart
In deel 4 staat de kaart voor 'ontmoeting'. Duurzaam contact maken met jezelf en de ander kan met ruimte voor getoonde emoties en een andere kijk.

Doel van de oefeningen is het creatief analytisch denken op een originele, ontspannen, bewuste en doelgerichte manier te oefenen.

Elk deel bevat twee oefeningen. In het eerste en tweede deel krijgt het denken op een originele en ontspannen manier de aandacht met als resultaat:

Deel 1   De Boom
1. Via interpreteren de eigen nieuwsgierigheid en zelfkennis vergroten.
2. Via fantaseren de eigen creativiteit ontplooien.

Deel 2   De Reis
1. Via voelen de eigen verbeeldingskracht en empathie verhogen.
2. Via associaties reflecteren op je houding en vaardigheden.

In het derde en vierde deel krijgt het denken op een bewuste en doelgerichte manier de aandacht met als resultaat:

Deel 3   De Grot
1. Via spontane antwoorden je bewust worden van je vanzelfsprekendheden.
2. Via filosofische vragen en luisteren komen tot nieuwe inzichten.

Deel 4   De Kaart
1. Via herkennen van emoties sensitief worden voor non-verbale signalen.
2. Via beelden anders leren kijken naar vragen.

Elke oefening wordt in verschillende vormen uitgewerkt, van tekenen tot knippen. De bedoeling is dat – behalve het denken in abstracte beelden – in principe alle zintuigen aan bod komen: horen, zien, voelen, proeven en ruiken. Daarnaast komt verdieping van acht persoonlijke kwaliteiten aan bod. Op deze wijze oefen je telkens één specifieke vaardigheid, competentie of houdingsaspect. Dit laatste, bestaande uit elf aandachtsgebieden, noemen we hier 'inhoud': van nieuwsgierigheid tot non-verbaal communiceren.

Deel 1   De Boom
Vorm: tekenen en schrijven
Kwaliteiten: interpreteren en fantaseren
Inhoud: nieuwsgierigheid, zelfkennis en creativiteit

Deel 2   De Reis
Vorm: spelen en verbeelden
Kwaliteiten: voelen en associëren
Inhoud: verbeeldingskracht, empathie, associatievermogen en reflectie

Deel 3 De Grot
Vorm: vragen en luisteren
Kwaliteiten: je bewust worden van vanzelfsprekendheden en praktisch filosoferen
Inhoud: spontaniteit en dialoog

Deel 4 De Kaart
Vorm: kijken en praten
Kwaliteiten: herkennen van emoties en vragen uitbeelden
Inhoud: observeren en non-verbaal communiceren

4.3 Toelichting op de oefeningen

Tot slot volgt nog een korte toelichting op voor *wie* de oefeningen bestemd zijn én *wat* vooral geoefend wordt. Ze zijn in eerste instantie bedoeld voor de dienstverleners in de sociale sector. Daarnaast zijn ze bestemd voor de lezers die in de dienstverlening werken, maar zich niet per se in de sociale sector bevinden. Sommige oefeningen kan de professional of lezer alleen doen, maar bij de meeste oefeningen is een ander maatje noodzakelijk, zoals een collega, een andere professional, lezer, klant of cliënt of zelfs de hele doelgroep waarvoor de professional werkt. Bij elke oefening wordt duidelijk voor wie het bedoeld is: de professional en/of de lezer, de klant of een collega.

Bij elke oefening wordt minimaal één houdingsaspect benadrukt. Zo wordt bij oefening 1 in zowel De Boom als De Grot vooral *nieuwsgierigheid* (je stelt je onderzoekend op) uitgelicht. *Authenticiteit* (je laat zien wie of wat je in beweging brengt of inspireert) komt met name aan bod in De Boom en in De Reis bij oefening 2. In de oefeningen waar een 'verrassingselement' en 'empathie' centraal staan – zoals in De Reis, De Grot en De Kaart bij oefening 1 – verdient *respect* (je houdt rekening met de ander) extra aandacht. *Bescheidenheid* (je bent terughoudend in het veranderen van het gedrag van de ander) komt vooral terug in De Grot en De Kaart bij oefening 2.

Hoewel ik hierboven in het kort heb aangegeven in welke oefening een bepaald houdingsaspect wordt benadrukt, wil dat niet zeggen dat er geen sprake is van overlap met andere houdingsaspecten. Integendeel, twee houdingsaspecten worden bij de lezer in alle oefeningen aangesproken: *oprechtheid* (je maakt de ander deelgenoot van jouw kijk) en *onbevangenheid* (je stelt je open op).

4.4 Acht oefeningen

Deel 1 De Boom (interpreteren en fantaseren)

OEFENING 1 TEKEN EEN BOOM
Via interpreteren de eigen nieuwsgierigheid en zelfkennis vergroten.

Bij deze denkoefening ligt het accent op het interpreteren van wat jij waarneemt van hoe de ander een boom tekent. Daarnaast sta je stil bij jouw eigen tekening. Hieronder volgt ter illustratie een bespiegeling van Irene, een professional, naar aanleiding van deze tekenoefening.

> 'In de les moesten we een boom tekenen. Ik teken dan heel snel een boom met nog wel een grappig hartje op de bast. Toen de groep naar mijn tekening keek, zeiden ze dat het vluchtig was getekend; wel grappig, maar luchtig.
>
> Waar ik nu met name mee aan het stoeien ben, is dat ik dat wel erg herken van mezelf: heel vluchtig dingen doen; het moet wel grappig zijn en lekker luchtig.'

Door deze oefening bevestigt Irene de omschrijving van twee van haar kenmerkende karaktereigenschappen: grappig en vluchtig. Dit heeft de groep uit haar tekening van een boom gehaald. Ze kan dit als een correcte constatering beschouwen of als een bevestiging zien van hoe ze zichzelf graag profileert en verder helemaal niets doen. Maar ze kan het ook als een belemmering zien en dat willen veranderen of aanpassen. In dat geval kan ze reflecteren op haar gedrag. Dat is afhankelijk van haar wens.

Het belangrijkste van deze oefening is dat er een gesprek op gang komt naar aanleiding van hoe iemand een boom tekent. De vraag die naar boven komt, is: wat ziet en herkent de ander in jouw tekening en wat zegt dat over jou? Het gaat hier dus puur om de eigen persoonlijke beleving en niet om waarheden over iemand te ontdekken of te wedijveren in wie de mooiste boom kan tekenen! Ook kan deze simpele oefening iemand op het idee brengen om een oordeel te geven over de maatschappij waarin we leven, zoals Marloes hieronder opmerkt.

> 'Tijdens het tekenen van een boom merkte ik dat veel medestudenten, onder wie ik, de tijd niet namen om "een boom" te tekenen, en dat we heel oefeninggericht werken. De docent zei: "Teken maar een boom", en toch bleek dat het voor de meesten belangrijk was om zo snel mogelijk deze oefening te voltooien. Het geeft wel aan wat voor mentaliteit er heerst in de maatschappij. De mentaliteit die heerst, is naar mijn idee prioriteit. Hoe de boom getekend wordt, maakt niet uit. Het is in ieder geval gedaan.'

Creatief analytisch denken

Een tekening van een boom hoeft *niet* iets te zeggen over het karakter van degene die de boom tekent. Soms kan wat iemand ziet, juist haaks staan op hoe de tekenaar zichzelf ziet of in werkelijkheid is. Zo kan een perfectionist een boom tekenen die haastig gemaakt is en slordig overkomt.

Wat de tekening *wel* doet, is altijd de ander uitnodigen om contact te maken en na te denken over de verschillen en overeenkomsten tussen de tekeningen. De oefening is vooral bedoeld om de nieuwsgierigheid naar de ander op te wekken, vragen te prikkelen en vrij te praten over wat naar boven drijft, zoals Tanja hieronder opmerkt.

> 'Ieder tekende een boom op zijn of haar eigen manier. De vraag die al deze verschillende bomen opriep, was misschien wel: wat zegt dit nou over de tekenaar? Het is grappig om via een boom naar de persoon erachter te kijken. De een heeft heel gedetailleerd een boom getekend, de ander geeft meer een abstract beeld van een boom. Hoe zit dat, wat zegt dat nou over de tekenaar?'

In deze oefening 'teken een boom' gaat het erom dat je via je tekening de ander beter leert kennen door elkaar nieuwsgierig te maken. Uiteraard kun je de boom ook vervangen door een huis, auto of iets anders wat in je naar boven komt. Je kunt ook schilders bestuderen ter inspiratie, zoals Mondriaan. Hij heeft een ontwikkeling doorgemaakt van heel precies bomen tekenen naar eindigen met strakke lijnen. Zo maakte hij een ontwikkeling mee van tekenen die de meesten van ons kunnen waarnemen als een persoonlijke inkleuring: van analytisch naar creatief. Dat maakte hem uniek en het maakte hem tot een grote kunstenaar. Dat is een tweede doel van de oefening: behalve nadere kennismaking ook ontdekken wat jou zo uniek maakt.

Oefening 2   Prikkel je onderbewuste: schrijf je droom onder een boom
Via fantaseren de eigen creativiteit ontplooien.

Deze oefening kun je zelfstandig doen, maar als je wilt, kun je het ook bespreken met de ander, collega of klant. De oefening luidt als volgt:

Stel, je ligt op een stralende dag wat te doezelen onder een boom boven op de top van een berg. Je geniet van een schitterend weids uitzicht en hebt zin om te dromen. Waar zou je over willen dromen? Beschrijf op een vel papier je droom in minstens vierhonderd woorden.

De bedoeling van deze oefening is dat je even loskomt van je 'aardse' referentiekader en ruimte geeft aan je creatieve brein. Daarnaast kun je kijken wat de droom zegt over jou en of je daarin een hartenwens herkent waarmee je stap voor stap of in bescheiden vorm aan de slag kunt.

Een variatie op deze ontspanningsoefening is 'laat je fantasie spreken'.

Maak de vier onderstaande fragmenten uit het sprookje *Mimoun en de koning* af in minimaal vier en maximaal tien zinnen. Bespreek minstens in tweetallen de verschillen en overeenkomsten van de eigen invulling. Wat zegt dat over jou en de ander en wat valt je op? Een voorbeeld ter illustratie.

> 'Er werd een verhaal verteld over een jongetje dat in de wereld van de geesten terechtkwam. Zijn probleem was dat hij niet zomaar terug kon naar zijn familie. Hij kreeg een plattegrond van een engel en moest de koning gaan zoeken om terug te keren. Wij kregen de opdracht om het verhaal af te maken. Daarna vormden we tweetallen, gingen elkaars inkleuring lezen en daarover vragen stellen. Wat mij opviel, was dat ik een positievere wending gaf aan het verhaal dan mijn tafelgenoot. Uit zijn antwoorden bleek dat hij geen vertrouwen had dat het jongetje ooit terug zou keren naar zijn familie. Heel bijzonder vond ik het hoe onze verschillende inkleuring van ons verhaal iets zegt over hoe we hetzelfde probleem totaal anders benaderen.'

Het doel is om te analyseren hoe jij en de ander een verhaal afmaken en daarover in gesprek te gaan. In dit voorbeeld komt de professional erachter hoe de ander aankijkt tegen een probleem 'van het jongetje dat graag terug wil naar zijn familie'. Andere vragen die mogelijk aan de orde zijn: Ben je geneigd om romantisch te schrijven of houd je ervan om een verhaal juist heel spannend te maken? Wat zegt dat over jouw smaak of (culturele) achtergrond? En wat heeft het te maken met je persoonlijkheid en wat doet dat op je werk? Deze oefening is uitermate geschikt om met elkaar in een gesprek de verschillende denkbeelden, visies en gevoelens uit te wisselen.

De vier fragmenten

Fragment 1
Het was een broeierige dag. Zo'n dag waarbij je zelfs aan sommige krekels kon horen dat ze een zonnesteek hadden opgelopen. Zo anders klonken ze. Mimoun

zat onderuitgezakt boven op een berg, onder de schaduw van een boom. Hij had nergens zin in. Het was te warm om iets op het land te doen. Hij wilde onder deze boom wat zitten dutten. Maar zelfs dat lukte niet. Het uitzicht vanaf de plek van waar hij naar beneden keek, was prachtig. Maar hij keek naar boven. Naar de buigende takken, die de felle zonnestralen tegenhielden. De boom verspreidde een bijzondere geur, eentje die hij nog nooit ergens geroken had. 'Hoe oud zou hij zijn?' vroeg Mimoun zich af. Hij sloot zijn ogen en mijmerde over wat de boom allemaal had meegemaakt ...

Fragment 2
Uit duizenden kelen hoorde hij een kreet: 'Ooo-wah-ha-ka ... Ooo-wah-ha-ka ...' Trommels begeleidden deze oerkreet steeds sneller: 'Doen, owahaka, doen, owahaka ...' Toen het meisje op de top van de berg was aangekomen, werd zij op een liggend beeld gelegd. Daar hief een uitgedoste man met zijn linkerhand een lange stok in de vorm van een slang omhoog, 'de Cobra'. Plotseling werd het ijzig stil. De man keek naar het meisje en sprak met sissende stem een aantal spreuken ...

Fragment 3
Hij had nooit geweten dat dolfijnen zo hard konden zwemmen. Hij moest zich goed vasthouden aan de vin om niet in het water te glijden. Na een tijd zag Mimoun in de verte land liggen. De kleinere dolfijn zei: 'Dat is de plaats op je kaart. Daar is jouw vriend.' Toen Mimoun de grond onder zich kon voelen, stopten de dolfijnen. Mimoun omhelsde hen en liep daarna het strand op. Hij had er twee nieuwe vrienden bij ...

Fragment 4
Mimoun had nooit echt het begrip oneindigheid kunnen begrijpen. Maar nu kon hij het, midden in de woestijn, zelf ervaren. Zijn ogen dwaalden langs een oneindige horizon. Hij werd weer rustig en rolde zijn kaart uit om te kijken welke richting hij uit moest. De afstand naar de koning leek ineens veel groter. Hij probeerde zich opnieuw op de kaart te concentreren. De afstand tot de koning werd nog langer. Hij stopte de kaart weer weg. 'Misschien heeft de zon mij dronken gemaakt', sprak hij hardop in zichzelf. Hij stond op en ging op zoek naar schaduw ...

Deel 2 De Reis (voelen en associëren)

OEFENING 1 VOEL EN RUIK HET ATTRIBUUT
Via voelen je eigen verbeeldingskracht en empathie verhogen.

Deze oefening heeft als doel om zowel je inlevingsvermogen als je verbeeldingskracht te verhogen door zo veel mogelijk zintuigen te gebruiken zonder dat je het object daadwerkelijk ziet (met je ogen dicht). De oefening kan in tweetallen uitgevoerd worden: de eerste deelnemer wordt geblinddoekt en krijgt een attribuut in zijn of haar handen. Belangrijk is dat hij of zij het attribuut (kan van alles zijn) niet eerder heeft gezien en dat de tweede deelnemer dat inbrengt. De geblinddoekte deelnemer moet beschrijven wat hij of zij voelt, ruikt en moet associaties maken met voor hem of haar bekende attributen en proberen zich te verplaatsen in wat het betekent voor de tweede deelnemer die het inbrengt. De eerste deelnemer (geblinddoekt) vertelt wat hij of zij voelt, zoals Marijke:

> 'Het voelt glad, dit papier. Ik ruik het niet. Het voelt glanzend en puntig aan. Misschien is het een foto met een afbeelding van een vriend of familie?'

Marijke fantaseerde er lustig op los. Ze zei dat het een vakantiefoto zou kunnen zijn en wilde aan het einde weten of haar beeld klopte. Wat klopte, was dat het een herinnering was aan een speciaal moment. Degene die de foto inbracht, Bela genaamd, is vanwege het werk van haar vader in Indonesië geboren. Op de foto zien we haar familie, toen ze daar woonde. Wat we uit dit verslag kunnen concluderen, is dat Marijke het gevoel dat bij haar boven kwam, zo goed mogelijk probeerde te omschrijven. Zij liet geblinddoekt haar verbeeldingskracht de vrije loop. Het resultaat is dat ze meer een beroep doet op haar creativiteit. Dat is goed om het creatief denken te stimuleren. Dat het niet iedereen goed afgaat, bewijst het volgende. Ivo kreeg een schaar in zijn hand.

> 'Ik voel een schaar. Je kunt ermee knippen en geld mee verdienen. Verder weet ik het niet.'

De beschrijving van Ivo was heel feitelijk. Hij gebruikte vooral wat hij zeker wist, zonder erbij te fantaseren. Daarnaast was hij ook kort van stof. Hij gaf een zakelijke beschrijving en kon niet invoelen waar de schaar symbolisch nog meer voor stond.

De conclusie die we kunnen trekken, is dat Ivo hier meer een beroep deed op zijn analytisch vermogen, analytisch denken. Hij vindt het lastig om er iets bij te verzinnen waar hij niet zeker van is. Dat geldt ook voor Marion.

CREATIEF ANALYTISCH DENKEN

> 'Ik voel een balletschoen. Hij voelt stevig en zacht aan. Meer kan ik er niet over vertellen.' Gevraagd aan Marion waarom ze dat lastig vond, was haar antwoord: 'Ik wil geen verkeerd beeld scheppen van waar ik niet zeker van ben. Ik vertel alleen waar ik controle over heb.'

Marion had duidelijk moeite om een foute beschrijving te geven, terwijl het erom ging los te komen van de realiteit. Marion en Ivo zijn meer denkers dan doeners. Bij denkers is het analytisch vermogen over het algemeen dominanter. Marijke in het eerste voorbeeld, die ook bij de balletschoen refereerde aan de romantiek die daarachter school, deed meer een beroep op haar inlevingsvermogen en creatief vermogen.

OEFENING 2   MET WELK DIER ASSOCIEER JIJ JEZELF ALS HET GAAT OM JE WERK?
Via associaties reflecteren op je houding en vaardigheden.

Deze oefening prikkelt de professional om na te denken over welke kwaliteiten hij of zij moet beschikken om het werk goed te kunnen verrichten. Deze oefening vergroot vooral het associatievermogen. Dit kan op een speelse manier de creatieve ingevingen bevorderen en biedt genoeg stof om te reflecteren op wat je *nu* doet en *in de (nabije) toekomst* wilt doen. Op het moment dat je je associeert met een bepaald dier kun je veel beter beschrijven wat nodig is om je werk goed te doen. Ook hier geldt dat deze oefening zelfstandig of in tweetallen gedaan kan worden.

De vraag 'Met welk dier associeer je jezelf als het gaat om je werk?' is in 2010 voorgelegd aan zowel professionals die werken met kinderen als professionals die werken met jongeren of volwassenen. Alle professionals moesten voor zichzelf uitmaken met welk dier zij zich het beste konden identificeren op hun werk. De resultaten zijn verrassend. Zo noemden van de negentien professionals die met kinderen werken onafhankelijk van elkaar er zes 'hond'; opvallend vaak. Zij dichtten de hond een aantal eigenschappen toe, zoals trouw zijn, speels zijn, waarvan zij onafhankelijk van elkaar vonden dat je deze eigenschappen minimaal nodig hebt om te kunnen werken met kinderen. Zo verwoordde Roos, werkzaam bij een internaat voor schipperskinderen en kinderen van kermisexploitanten tussen zes en achttien jaar, het:

> 'In mijn werk als begeleider zie ik mezelf als een herdershond. Deels door de eigenschappen van een hond, zoals loyaal en trouw zijn, maar vooral om wat hij vroeger deed. De herdershond waakte over een kudde schappen. Hij leidde ze in goede banen en beschermde ze als dat moest. Ik zie mezelf ook zo. Ik probeer de kinderen een goede thuissituatie te bieden: ik begeleid ze in hun dagelijks leven en help ze met hun problemen.'

Andere belangrijke eigenschappen die aan de hond werden toegedicht zijn: alert zijn, waakzaam, behulpzaam, gehoorzaam zijn, bescherming geven, openstaan voor ontdekken, gezelschap zoeken en spelenderwijs sturen.

Drie keer werd de 'dolfijn' genoemd, omdat deze aaibaar, toegankelijk en empathisch zou zijn. Ook zei een professional die met kinderen werkt dat de dolfijn op een intuïtieve wijze signalen opvangt van het kind. Andere dieren die twee keer genoemd werden, waren: kameleon, paard en poes. Eén keer genoemd werden: olifant, aap, kangoeroe en vogel. De conclusie van deze groep die met kinderen werkt, is dat ze voortdurend moeten schipperen tussen vrijheid geven, bescherming bieden en aanpassen of invoelen.

In tegenstelling tot de professionals die werken in de kinderopvang en het basisonderwijs, liepen de associaties van de achttien hulpverleners die werkten voor jongeren en volwassenen in zowel een vrijwillig als gedwongen kader, zeer uiteen. Wat opviel, was dat deze professionals zichzelf associeerden met een adelaar, stier, leeuw, beer, gier, pitbull, neushoorn, olifant, wolf, aap of giraf. De eigenschappen die ze hieraan toedichtten, waren: 'een helicopterview hebben, grenzen stellen, afbakenen van het eigen territorium en beschermen van de eigen groep'.

De vraag 'met welk dier associeer je jezelf als het gaat om je werk?' is in 2011 opnieuw voorgelegd, maar nu aan in totaal vijftig sociale professionals, zowel werkzaam in een gedwongen als in een vrijwillig kader. Weer was 'hond' het meest genoemde dier; zes keer. Ze noemden ieder vijf keer: leeuw, kat en vogel. Om te kunnen vergelijken, is ook gevraagd in welke context men werkte. De professionals die 'hond' en 'vogel' het vaakst noemden, werkten in een ongedwongen kader en dan vooral met kinderen en jongeren, in de gehandicaptenzorg of in de jeugdzorg. 'Leeuwen' en 'katten' werden vaker genoemd door professionals die werken in de verslavingszorg en in gesloten inrichtingen, zoals in de (jeugd)gevangenissen.

De conclusie die we bij deze groep, werkzaam in een gedwongen kader, kunnen trekken, is dat je heel sterk in je schoenen moet staan om de ander te helpen. In de praktijk betekent het dat je goed van je af moet kunnen bijten, assertief moet zijn. Zo zei een persoonlijk begeleider bij Amarant, op een gesloten afdeling:

> 'Ik voel mij een wolf. Je moet leidinggeven aan de jongens. Daarnaast moet je een volhouder zijn, continu alert zijn, maar wel samenwerken met het team om resultaat te boeken.'

Daarentegen noemden professionals die in een vrijwillig kader werkten, vaker de volgende dieren: behalve hond en vogel ook eekhoorn, mier, vlinder, inktvis, olifant en paard. De eigenschappen die zij zagen in deze dieren waren: 'positieve benadering, zelfstandigheid stimuleren, netwerken, hard werken, betrouwbaar, aaibaar en sterk, voelt de gevoelens van de ander aan en speelt daarop in'. De conclusie die deze laatste groep trok, was dat goed onderhouden van relaties met je klanten cruciaal is om ze verder te helpen. Je invoelend opstellen is daarbij heel belangrijk. Een voorbeeld ter illustratie van een groepsleider die werkt met mensen met een licht tot matig verstandelijke beperking:

> 'Ik werk keihard, ben altijd enthousiast, ben betrouwbaar en vind samenwerken erg belangrijk.'

De bedoeling van deze oefening is dat de professional op een creatieve manier gaat nadenken over hoe deze eigenschappen nodig zijn in zijn of haar werk en hoe deze verder ontwikkeld kunnen worden.

Een variatie op deze oefening is te bezien of het wenselijk is van het ene dier in het andere dier te veranderen. Zo wilde een woonbegeleidster bij Prisma die zichzelf associeerde met een kat ('ik kijk eerst de kat uit de boom en dan sla ik toe') graag een giraf zijn, zodat zij met haar lange nek alles kan overzien. Eenzelfde wens had een groepsleider in een gesloten inrichting die zichzelf zag als een hond ('ik ben een speurneus die gezag uitstraalt'). Hij wilde graag een adelaar worden om alles te kunnen overzien en op het juiste moment in te springen.

Deel 3 De Grot (bewust worden en filosoferen)

OEFENING 1 LAAT JE VERRASSEN DOOR EEN VRAAG. GEEF SNEL EEN ANTWOORD
Via spontane antwoorden je bewust worden van je vanzelfsprekendheden.

Schrijf een vraag op en doe deze in een doos. Laat om de beurt iemand een vraag uit de doos halen en laat degene die de vraag trekt snel een antwoord geven. Doel is dat je spontaan antwoord geeft op een onbekende en verrassende vraag. Enkele vragen die je zou kunnen stellen, zijn:
- Wat is je lievelingskleur?
- Wat is je grootste prestatie tot nu toe?
- Wie of wat is jouw inspiratiebron?
- Wat doe je in je vrije tijd?
- Wie of wat mis je nu?
- Wie of wat maakt je enthousiast?

Met deze oefening vergroot je je spontaniteit en word je je meer bewust van je vanzelfsprekendheden. De antwoorden die daaruit voortkomen, kunnen de ander stimuleren om door te vragen, zodat een spontaan gesprek plaatsvindt. Van belang is dat je meteen antwoord geeft op de vraag en niet te lang nadenkt. Te lang nadenken over een antwoord gaat ten koste van de spontaniteit.

Een variatie op deze oefening: Stel één vraag aan de ander om een goede indruk te krijgen.

Stel dat je als professional slechts één vraag mag stellen om een zo goed mogelijke indruk te krijgen van de ander, nieuwe collega of klant, welke vraag zou je per se willen stellen?
Deze oefening is bedoeld om een stapje verder te gaan dan alleen je spontaniteit vergroten en je bewust worden van je vanzelfsprekendheden: het doorbreken van standaardvragen.

OEFENING 2   STEL EEN FILOSOFISCHE VRAAG AAN DE ANDER
Via filosofische vragen stellen en luisteren komen tot nieuwe inzichten.

Een filosofische vraag is een vraag die de interesse wekt bij de ander en waar niet meteen een antwoord op gegeven kan worden. Bij een filosofische vraag gaat het meestal om 'trage' vragen. Dat zijn vragen die niet onmiddellijk beantwoord kunnen worden, maar wel vragen om bezinning en reflectie. Als we ervan uitgaan dat we bij een filosofisch gesprek werken met een vragensteller en een antwoordgever (eventueel aangevuld met een observant), dan is het in dit geval de antwoordgever wiens belangstelling aangewakkerd moet worden. De vraag moet de aandacht prikkelen om erover na te denken. De vraag moet ook helder zijn geformuleerd.
Probeer daarom in de positie van vragensteller de vraag zo te stellen dat een kind in de bovenbouw van de basisschool snapt wat je wilt weten. Dat betekent dat je je vragen zo eenvoudig en duidelijk mogelijk formuleert. Bij voorkeur in actieve zinnen, die de ander uitnodigen om het antwoord persoonlijk in te kleuren. Dus niet: 'Wanneer spreekt men over goed intercultureel vakmanschap?', maar: 'Geef een voorbeeld van wat jij verstaat onder intercultureel vakmanschap of waar treffen we dat aan?' Een algemeen en vaag geformuleerde vraag nodigt uit tot een algemeen en vaag antwoord. Vermijd dus te lange zinnen, moeilijke woorden en vaktaal. Dat zorgt alleen maar voor nog meer ruis. De bedoeling is niet dat je het ultieme antwoord vindt, waarin iedereen zich kan vinden, zoals bij een socratisch gesprek, maar dat het antwoord aansluit bij de belevingswereld van degene die bevraagd wordt.
Voordat je een filosofische vraag stelt, is het belangrijk dat je een veilige omgeving schept. Dat betekent dat je oog hebt voor het creëren van een rustige en ontspannen sfeer. Wat daarvoor nodig is, is heel erg afhankelijk van de voorkeuren van de gesprekspartner, groepsgrootte, ruimte en tijd. Wat tot de mogelijkheden behoort, is beginnen met een

korte meditatie. Ook natuurgeluiden (kabbelend water, regen of vogels) laten horen of mooie muziek die voor een rustige en natuurlijke sfeer zorgt, kan voor ontspanning zorgen. Even een paar minuten de stilte opzoeken of naar mooie geluiden of muziek luisteren om zo het hoofd schoon te maken. Dat helpt de concentratie te verhogen.

De vragensteller gaat niet alleen de confrontatie met de ander aan, maar ook met zichzelf. De vragensteller moet minstens drie zintuigen inzetten. Dus niet alleen de oren spitsen en de ogen de kost geven, maar ook het eigen gevoel (de huid) inschakelen. Dat betekent in de praktijk: én goed *luisteren* wat en hoe iets gezegd wordt én het gedrag *observeren* dat erbij hoort. Dat houdt in: signalen oppikken van de non-verbale communicatie en via empathie aanvoelen wat de ander bedoelt te communiceren.

Ook moet de vragensteller zich bewust zijn van zijn referentiekader en weten welke invloed dat heeft op zijn denken en gedrag. Daarnaast moet de vragensteller op het juiste moment doorvragen. Tegelijkertijd moet hij kunnen parafraseren, in eigen woorden kunnen samenvatten wat de ander bedoelt te zeggen en de essentie ook checken bij de antwoordgever totdat het antwoord helemaal helder en correct is. Tot slot moet de vragensteller de antwoordgever prikkelen om lessen voor de toekomst te trekken uit zijn antwoord(en).

Hieronder volgt een overzicht van wat de vragensteller zou moeten doen:
1. Schep een veilige, ontspannen en rustige sfeer waarin hardop denken mogelijk is.
2. Formuleer een vraag of een stelling.
3. Gebruik bij vragen minstens drie van je zintuigen, zoals je oren, ogen en huid.
4. Wees je bewust van je referentiekader en de invloed op je denken en doen.
5. Switch regelmatig tussen het positief tegenovergestelde van het analytisch en creatief denken en zorg dat je niet verstart en dat je steeds weer openingen schept.
6. Vraag door op het juiste moment.
7. Vat in eigen woorden het antwoord van de ander samen.
8. Check bij de ander of je de essentie van het antwoord te pakken hebt.
9. Prikkel de antwoordgever om conclusies of lessen te trekken.

De optelsom van deze negen tips leidt ertoe dat de betrokkenheid van zowel de vragensteller als de observanten verhoogd wordt, zoals Irene dat tijdens zo'n sessie opmerkt.

> 'Wat ik vooral mooi en speciaal vond, is dat er echt geluisterd werd naar wat je zei doordat het nog eens werd aangehaald of dat de essentie eruit werd gehaald. En dat er werd getracht om de betekenis van woorden te willen begrijpen. Een dergelijke manier van communiceren ben ik niet gewend, maar het is wel heel prettig.'

Om een filosofische vraag te stellen is moed nodig. De vragensteller stelt zich heel kwetsbaar op, omdat hij niet weet hoe de vraag landt bij de antwoordgever en eventueel de toehoorders. Daarbij laat de vragensteller een stukje van zichzelf zien, een inkijkje in zijn ziel als het ware. Met het stellen van elke vraag komt de antwoordgever te weten wat de vragensteller belangrijk en interessant vindt om te weten. Dat verklaart soms de aarzeling om een filosofische vraag te stellen. Met het soort vragen dat je stelt, geef je je visitekaartje af. Daarom durft niet iedereen hardop te denken. Je weet namelijk niet wat de ander dan van je gaat denken, zoals Paula in dit voorbeeld hieronder openhartig verwoordt.

> 'Toen we na moesten denken over een filosofische vraag, ging er heel wat door mijn hoofd. Doordat ik op de vrije school gezeten heb, had ik wel gelijk een idee wat voor vraag ik zou willen stellen. Ik wist dat het iets moest zijn wat voor de persoon nog meer vragen op zou roepen en waar je bijna oneindig over door kon gaan. Maar dat ik gelijk wist in welke richting ik de vraag wilde gaan stellen, wilde nog niet zeggen dat ik dat durfde. Ik maakte me zorgen wat de mensen in de klas zouden gaan denken.'

De vragensteller moet zich zo veel mogelijk op zijn gemak voelen en vooral rust uitstralen. De gemoedstoestand van een vragensteller heeft namelijk invloed op de kwaliteit van het antwoord. Een vragensteller die geen tijd neemt om een goede filosofische vraag te stellen, krijgt geen (volledig) of een te gehaast antwoord. Deze rust kan worden bereikt door echt de tijd te nemen om een vraag te bedenken en de antwoordgever alle gelegenheid te geven om het antwoord te laten formuleren. Dit om te voorkomen dat de antwoordgever onder de opgelegde tijdsdruk maar wat zegt om er snel van af te zijn, zoals Paula in het voorbeeld hieronder.

> 'De vraag die mij gesteld werd, was: "Wanneer ben jij echt gelukkig?" Het eerste waar ik aan dacht, was: momenten met mijn partner. Ik werd er een beetje verdrietig van dat ik niet een concreet moment kon bedenken met haar dat ik heel gelukkig was. Op dat moment voelde ik ineens heel veel weerstand. Ik voelde me vastlopen en klapte dicht. Ik vond het vervelend dat ik niet gelijk een antwoord kon geven en vond dat ik al te lang aan het nadenken was. Ik vond het vervelend dat de klas moest wachten en gaf daarom als antwoord dat ik het niet wist.'

De vragensteller moet nu tegen Paula zeggen dat ze alle tijd kan nemen die ze nodig heeft om na te denken over deze filosofische vraag. Om te voorkomen dat Paula de makkelijkste weg kiest (ik weet het niet), dichtklapt of een heel algemeen antwoord geeft, heeft de vragensteller de taak om haar erop te wijzen dat het haar kan helpen om zo'n persoonlijke vraag te verbinden met een concrete ervaring, zoals Paula hieronder beschrijft.

CREATIEF ANALYTISCH DENKEN

> 'Toen de docent met het hulpmiddel kwam om me een gelukkig moment voor de geest te halen, wist ik dit al wel. Ik dacht eerst dat het onzin was dat hij dit gezegd had. Ik wist ook wel dat dit zo moest. Ik vond het stom, maar nam de tijd om een moment voor me te halen. Toch deed de opmerking van de docent veel goeds in mijn hoofd. Ik kon nu even de tijd nemen en wilde me gelukkig voelen om zo het moment erbij te vinden, wanneer ik dit voelde. Ik zag het moment voor me dat ik op de top van een berg stond. Ik voelde me hier totaal op mijn gemak en had het overzicht over een heel wijde omtrek. Ik kon alles zien en wat ik zag, was prachtig. Ik was op de berg met mijn nicht, maar zij durfde niet naar de top te klimmen. Ik vond dat als ik zo ver gekomen was, ik ook naar de top moest klimmen. Dat was een goede beslissing. Mijn band met mijn nicht was niet heel goed en ik wilde loskomen van haar. Ik klom alleen verder naar de top.'

Iedereen kan zich zijn of haar gelukkige moment voor de geest halen. Voor Paula is het naar de top klimmen. Voor iemand anders is het wanneer hij of zij met dierbare(n) op vakantie gaat of in de natuur wandelt. Dat verschilt van persoon tot persoon. Waar het om gaat, is dat je tot slot moet bekijken of je aan zo'n gelukkig moment betekenis kunt geven of zelfs conclusies kunt verbinden. Is het 'rust' waar iemand naar verlangt of is het weg van dagelijkse beslommeringen of weg van huis? Uiteraard moet de interpretatie aansluiten bij de belevingswereld van de antwoordgever. Deze voelt gevoelsmatig het beste aan welke interpretatie wel of niet klopt. Hier komen we bij de kern van het antwoord van Paula. De vragensteller kiest voor zijn interpretatie op basis van zijn gevoel. Zo maakt de vragensteller gebruik van zijn creativiteit. Hij stelt zich invoelend op. In dit geval vraagt hij aan haar of het klopt dat zij nog steeds op zoek is naar overzicht in haar leven. Hieronder volgt haar antwoord.

> 'Dit klopt. Op dit moment ben ik het overzicht in mijn leven kwijt. Ik heb geen algehele controle over mijn leven. Dit vind ik niet fijn en ik wil het graag terug. Wanneer ik dit vertel, weet ik dat als ik het gevoel heb het overzicht kwijt te raken, het mij zou kunnen helpen om me voor te stellen dat ik weer op die berg sta. Het gevoel dat ik kreeg toen ik het deed in de klas was namelijk zo fijn. Ook voelde ik dat ik een heel stuk van mijzelf blootgaf. Het leek wel of er een soort deurtje in mij opening, wat de mensen in dat lokaal de mogelijkheid gaf om in mijn binnenste te kijken. Ik liet daadwerkelijk iets zien van de ware ik.'

Dit voorbeeld geeft in een notendop weer hoe je met de focus verleggen van creatief analytisch denken kunt bereiken dat je erachter komt waar het wringt en hoe je een opening vindt. Het eindresultaat van deze denkoefening is namelijk dat Paula weet dat wanneer ze dreigt het overzicht kwijt te raken, ze altijd het fijne gevoel kan terughalen van haar gelukkige moment. De laatste stap is te analyseren wat haar toen gelukkig maakte en te kijken in hoeverre ze 'naar de top klimmen' kan vertalen in de praktijk. Het kan zijn dat ze erachter komt dat wat haar gelukkig maakt bijvoorbeeld doelen formuleren is. Met doelen formuleren voorkomt ze chaos in haar hoofd, omdat ze van tevoren weet wanneer ze waarnaartoe (klimt) werkt. Maar het kan ook zijn dat ze graag meer uitdagingen zoekt in haar werk en/of privéleven of dat ze zich graag terugtrekt om na te denken. Het gaat erom dat de antwoordgever vrij kan praten aan de hand van een concrete ervaring.

Deze denkoefening, die het creatief analytisch denken stimuleert, heeft een aantal raakvlakken met de socratische gespreksvoering. Echter, de socratische gespreksvoering doet voornamelijk een beroep op het analytisch denken. Dat is aan de hand van een breed gedragen veronderstelling, zoals 'trouwen leidt tot geluk', proberen een uitzondering te bedenken, zoals 'trouwen met een verkeerd persoon leidt niet tot geluk'. En daarna deze stelling net zo lang nuanceren totdat een consensus wordt bereikt: 'trouwen met de juiste persoon kan tot geluk leiden'.

Het verschil met het creatief analytisch denken is dat de antwoordgever en vragensteller geen consensus hoeven te bereiken over het antwoord of dat ze niet zoeken naar een gedeelde waarheid of compromis. Als we het zouden uittekenen, dan loopt een socratisch gesprek als een lijn die in een cirkel van buiten naar binnen gaat totdat de kern is bereikt.

Bij het creatief analytisch denken loopt de lijn zowel van binnen naar buiten als van buiten naar binnen. Daarbij wisselen het divergeren en convergeren elkaar af (zie de denkketen in paragraaf 3.3). In dit voorbeeld gaat het erom dat de antwoordgever eigen nieuwe inzichten verwerft en daar zelf iets mee kan doen in de eigen praktijk! Wat van belang is, is wat de antwoordgever doet met zijn nieuwe inzichten. De vragensteller helpt de antwoordgever bij dit denkproces door heel goed te luisteren. Uiteraard is de antwoordgever vrij om zijn of haar vraag wel of niet te verbinden met een concrete gebeurtenis. We zullen bij de volgende oefeningen zien dat we een vraag ook goed kunnen vangen in een beeld.

Soms zijn er ook filosofische vragen die op het eerste gezicht raar of absurd zijn. Toch moeten we ze niet meteen afwijzen, omdat ze het resultaat zijn van creatief denken, zoals brainstormen. Zelfs 'vreemde' vragen leiden tot verrassende inzichten of bieden een podium voor ontboezemingen of wat de ander bezighoudt. Daarin is de antwoordgever geheel vrij. Dat geldt bijvoorbeeld voor Babette.

'Joeri vroeg me wat de tafel, waar ik op dat moment aan zat, voor mij betekende. Even dacht ik: Wat moet ik hier nu voor antwoord op geven? Maar al snel kreeg ik een beeld van de betekenis van de tafel. Het was niet gewoon een tafel, maar voor mij was het iets wat symbool staat voor mijn studie. Een studie die op dit moment

> een belangrijk deel van mijn leven vormt. Een studie die me verrijkt en me helpt om hogerop te komen binnen mijn werkveld. Iets wat hoog in mijn vaandel staat. Daarnaast dacht ik na over mijn worsteling wat betreft de tijd die ik aan mijn studie kwijt ben en de tijd die ik wil overhouden voor mijn privéleven. Dat gaat voor mij voor alles. Een vreemde gewaarwording dat je daar bij het beantwoorden van zo'n simpele vraag aan denkt.'

De vraag 'wat betekent de tafel voor jou?' maakt bij Babette heel wat los. Ze vertelt over wat haar studie voor haar betekent. Daarnaast gaat ze in op wat dat voor gevolgen heeft voor haar leven. Het voordeel van zo'n vraag is dat de antwoordgever vrij kan associëren en tegelijkertijd iets vertelt over zichzelf.

De oefening 'stel een filosofische vraag' is vooral een verbale denkoefening. Alles wordt in woorden verteld, van vraag tot antwoord. Er wordt veel gepraat en geluisterd. Hier ligt de focus op het interpreteren van de antwoorden door onder meer goed aan te sluiten bij de belevingswereld van de antwoordgever om zo tot nieuwe inzichten te komen.

We zetten de negentien punten op een rij die voor de vragensteller en antwoordgever relevant zijn om het creatief analytisch denken te stimuleren bij het praktisch filosoferen. Tussen haakjes staat vermeld wie de eerstverantwoordelijke is.

1. Bekijk de wereld door de ogen van een kind (allebei).
2. Schep een veilige, ontspannen en rustige sfeer waarin hardop denken mogelijk is (vragensteller).
3. Kies zorgvuldig een kwestie die of onderwerp dat jouw belangstelling heeft (allebei).
4. Formuleer een vraag of een stelling (vragensteller).
5. Kies de vorm waarin je deze vraag of stelling wilt gieten, zoals dialoog, debat of rollenspel (allebei).
6. Ga in gesprek met elkaar of laat het zien in een spel (allebei).
7. Neem de tijd voor het formuleren van een vraag en antwoord (allebei).
8. Gebruik bij vragen minstens drie van je zintuigen, zoals je oren, ogen en huid (vragensteller).
9. Wees je bewust van je referentiekader en de invloed op je denken en doen (vragensteller).
10. Switch regelmatig tussen het positief tegenovergestelde van het analytisch en creatief denken en zorg dat je niet verstart en dat je steeds weer openingen schept (vragensteller).
11. Verbind het antwoord met een concrete ervaring (antwoordgever).
12. Vraag door op het juiste moment (vragensteller).
13. Blijf authentiek in je vragen en antwoorden (allebei).

14. Vat in eigen woorden het antwoord van de ander samen (vragensteller).
15. Check bij de ander of je de essentie van het antwoord te pakken hebt (vragensteller).
16. Prikkel de antwoordgever om conclusies of lessen te trekken (vragensteller).
17. Geef betekenis aan conclusies of lessen aan de hand van het antwoord (allebei).
18. Vertaal deze betekenis naar je praktijk (antwoordgever).
19. Rond het af met conclusies en lessen voor de toekomst (allebei).

Deel 4 De Kaart (emoties herkennen en uitbeelden vragen)

Oefening 1 Lees de emotie op het gezicht van de ander
Via herkennen van emoties sensitief worden voor non-verbale signalen.

We geven met ons gezicht heel veel non-verbale signalen af. Probeer te interpreteren wat iemand uitdrukt met zijn gezicht, lichaamshouding of het gebruik van armen of benen. Schrijf een aantal emoties op een vel papier en doe dat in een trommel. Degene die zo'n emotie trekt, moet proberen deze uit te drukken met zijn gezicht zonder een geluid te maken. Dat betekent dat je goed moet observeren en dat je je goed moet inleven in deze emotie. Voor degene die het ziet, betekent het dat hij of zij heel goed moet kijken welke emotie uitgebeeld wordt.

De bedoeling van deze oefening is om samen te achterhalen in hoeverre wij in staat zijn om aan gezichtsuitdrukkingen dezelfde interpretaties te geven. Daarna wordt nauwkeurig beschreven wat ervoor zorgt dat je vindt dat iemand een bepaalde emotie uitdrukt.

Deze oefening heeft als doel om ons bewust te maken hoe wij emoties op het gezicht van de ander interpreteren en welke stemmingen we kunnen herkennen. In contact met elkaar vergeten we wel eens dat er met lichaamstaal iets anders wordt gecommuniceerd dan wat met woorden wordt gezegd. Dan is het belangrijk om emoties te herkennen en te duiden, zodat je niet alleen met je hoofd contact maakt met de ander.

Oefening 2 Beeld je vraag uit
Via beelden anders leren kijken naar vragen.

Bij deze oefening formuleer je eerst een vraag die jou bezighoudt of jouw belangstelling heeft. Vervolgens ga je op een creatieve manier op zoek naar je antwoord. De oefening luidt:

> Verzamel tijdschriften die bol staan van foto's of tekeningen en leg ze op tafel. Pak vervolgens een groot wit vel papier en beeld jouw vraag uit door plaatjes uit verschillende tijdschriften te knippen. De vraag kan betrekking hebben op je persoonlijke levenssfeer of op je werk. De plaatjes die jouw vraag uitbeelden, plak je op een vel papier. Daarna laat je het aan de ander zien.

De bedoeling is dat jouw collage na het knippen en plakken onder de aandacht wordt gebracht van minimaal één persoon. De ander moet proberen te achterhalen welke vraag uitgebeeld wordt. Degene die de vraag heeft geformuleerd, luistert aandachtig naar de interpretaties. Pas aan het einde komt het verlossende commentaar van degene die de vraag heeft afgebeeld. Wat regelmatig voorkomt, is dat de ander soms per toeval kan bijdragen aan het beantwoorden van de oorspronkelijke vraag, ook al zit hij er volkomen naast. Daarnaast doet het een beroep op je creativiteit.

Hieronder volgt een voorbeeld van hoe je deze oefening kunt uitwerken en wat je daar in de praktijk aan hebt. Jenny, een jongerenwerkster, die haar verborgen vraag had voorgelegd op een vel met plaatjes aan de klas, vertelt over haar ervaring.

> 'Mijn vraag was: wat is belangrijker voor een bevredigend leven: geluk of gezondheid? Mijn studiegenoten hebben niet precies de vraag geraden die ik met teksten en plaatjes had uitgebeeld, maar ze kwamen wel een heel eind in de goede richting. En dat was met alle knipsels wel een beetje zo. Niemand kon precies de vraag eruit halen, maar we dachten wel in de goede richting. Na verduidelijking van de persoon die hem had gemaakt, begreep je ook hoe hij of zij het bedoelde. Op zich was dit een heel prettige oefening om creatief te denken. Ik heb vooral geprobeerd om dat "open gevoel" te onthouden, me in te prenten. Ik merk dat ik er door het gebeuren op mijn werk meer moeite mee heb, maar toch denk ik dat ik de essentie heb meegekregen. Het is een goede manier om buiten de kaders te denken. Ik heb dit meteen in de praktijk toegepast.'

In dit voorbeeld heeft Jenny geleerd om zich een 'open gevoel' eigen te maken, dat ze vervolgens kan toepassen op haar werk.

> 'Ik heb op mijn werk de opdracht gekregen om met twee collega's een workshop te organiseren voor veertig personen. Het thema van de workshop is: hoe word ik een superheld van unit vijf? De eerste paar bijeenkomsten dat we bezig waren met de voorbereidingen had ik het gevoel dat ik helemaal geen leuke ideeën kon bedenken en dat het vast niets zou worden.

> De dag na deze oefening met knippen en plakken had ik weer een bijeenkomst. Toen heb ik weer geprobeerd om met een open blik naar de workshop te kijken en geprobeerd om alles los te laten. Ik probeerde hetzelfde gevoel op te roepen dat ik had toen ik met de knipsels bezig was. Een halfuur later zat ik geanimeerd te praten met mijn twee collega's en hadden we een aantal mooie ideeën op papier staan. Die allemaal goed binnen het thema passen, qua tijd nog te realiseren zijn en ook nog eens origineel zijn. Ik vind het een heel vreemde ervaring dat je het denken op deze manier een beetje sturing kunt geven. Ik ga deze vaardigheid zeker vaker oefenen.'

De essentie van deze oefening is dat je nieuwe inzichten krijgt om met een open blik naar nieuwe uitdagingen te kijken, zoals Jenny doet in het bovenstaande voorbeeld. Dat kan door je focus helemaal te verleggen en *anders* te kijken. Weliswaar vormt haar vraag het uitgangspunt, maar het doel is niet meteen antwoord te geven.

Deze oefening dwingt je eerst je vraag in een beeld te pakken. Je gaat nadenken hoe je je vraag kunt visualiseren door gebruik te maken van geïllustreerde tijdschriften of andere (audiovisuele) middelen. Dat geeft niet alleen een prettige afleiding, maar je komt ook helemaal los van je vraag, doordat je bezig bent om deze uit te beelden. Ondertussen ben je onbewust bezig om je vraag in een ander perspectief te plaatsen. Daarnaast maak je op een positieve manier gebruik van de reacties en feedback van de ander.

Terugblik

Ter afsluiting van het boek volgt hier nog een korte terugblik op de boodschap ervan. In mijn voorwoord citeerde ik uit *De kleine prins* om aan te geven dat zowel beginnende als ervaren professionals in de sociale sector te analytisch denken en handelen. Dat leidt op den duur tot een doemscenario, waarin frustraties, verstarring en extra bureaucratie een hoofdrol spelen. Dit alles gaat onder andere ten koste van creativiteit, innovatie en werkplezier.

Dit boek wil tegenwicht bieden aan deze neerwaartse spiraal door het creatief denken een plek te geven náást het analytisch denken. Aan de hand van veel praktijkvoorbeelden en tips is gedemonstreerd hoe dit nieuwe denken kan worden toegepast en verbonden met beter omgaan met diversiteit in de sociale dienstverlening. Dit integreren van het *creatief analytisch denken* zorgt voor duurzaam contact met de ander en maakt in ons de rol van ontdekkingsreiziger los.

Vanuit deze rol heb ik ook dit boek geschreven. Daarbij heb ik me laten inspireren door uiteenlopende bronnen. Onder meer door mijn verhaal 'Mimoun en de koning', dat het resultaat is van een langdurig creatief proces. Dit verhaal is als basis gebruikt om de zoektocht naar een nieuwe identiteit uit te beelden voor migrantenkinderen en is ook een inspiratiebron voor de oefeningen in dit boek.

Het doel van dit boek is uiteindelijk om als inspiratie te dienen, beter contact te leren maken met jezelf en de ander en beter te leren omgaan met (cultuur)verschillen. Als dit allemaal lukt, is het creatief analytisch denken in de dagelijkse praktijk permanent in beweging. Dit heeft als effect dat de kwaliteit van het denken en eigen professioneel handelen wordt vergroot. Het heeft bovendien een positieve invloed op de intrinsieke motivatie om de ander verder te willen helpen en vergroot het werkplezier!

Bijlage 1 Mimoun en de koning

1 De Boom

Het was een broeierige dag. Zo'n dag waarbij je zelfs aan sommige krekels kon horen dat ze een zonnesteek hadden opgelopen. Zo anders klonken ze. Mimoun zat onderuitgezakt boven op een berg, onder de schaduw van een boom. Hij had nergens zin in. Het was te warm om iets op het land te doen. Hij wilde onder deze boom wat zitten dutten. Maar zelfs dat lukte niet. Het uitzicht vanaf de plek van waar hij naar beneden keek, was prachtig. Maar hij keek naar boven. Naar de buigende takken, die de felle zonnestralen tegenhielden. De boom verspreidde een bijzondere geur, eentje die hij nog nooit ergens geroken had. Hoe oud zou hij zijn?, vroeg Mimoun zich af. Hij sloot zijn ogen en mijmerde over wat de boom allemaal had meegemaakt.

Opeens voelde hij zich boven de boom zweven. Die zag er nu heel anders uit. Frisse groene bladeren sierden de kruin. Tussen de takken door zag hij een jongen tegen de boom aanleunen. Het leek wel of hij vergroeid was met de stam. Omdat Mimoun de jongen niet zo goed kon zien, schoof hij in zijn gedachten voorzichtig de takken opzij. Hij daalde en zonk weg in diepe rust.

Toen Mimoun zijn ogen weer opende, zag hij dat de maan de zon al had verjaagd. Het was donker. In de verte hoorde hij geroffel, dat steeds luider ging klinken. Het geroffel veranderde in muziek en gezang. Feestgedruis! Het kwam zijn richting op. Ineens zag hij een feestende massa die, zo leek het, te voet een bruiloft aan het vieren was. Hij stond op en werd meegesleurd met deze feestschapen. Door de herhalingen van de opzwepende muziek en het gezang raakte Mimoun al snel in een roes. Hij danste wild met de anderen mee. Soms dacht Mimoun zelfs dat hij dwars door de bomen kon dansen! Hij volgde hen op hun feestelijke tocht.

Na een tijdje stopten ze bij een verlicht huis. Daar zullen de bruid en bruidegom vast hun huwelijksnacht doorbrengen, dacht hij. Mimoun at en dronk dingen die hij niet kon plaatsen. Hij vond het heerlijk. Hij bleef meedansen tot diep in de nacht. Mimoun kende de liedjes niet. Hij verstond er niets van en probeerde zich de onbekende woorden eigen te maken. Dat lukte aardig, totdat hij uitgeput raakte en niet meer mee kon dansen en zingen. Doodmoe, maar met een voldaan gevoel liep hij terug naar de boom op de berg. Hij nestelde zich tussen de boomwortels en viel in slaap.

De volgende dag werd Mimoun gewekt door een man die ook wel een vrouw kon zijn. Deze persoon leek een mannenstem te hebben, maar had ook mooi lang haar! 'Kartscht ...?' hoorde Mimoun hem of haar zeggen. Hij begreep dat niet en zei: 'Ik versta u niet ... Wat zegt u?' Weer herhaalde de vrouwman dezelfde klanken. Deze keer nog harder. 'Kaaarrttscht ...' Toen hij het nog steeds niet begreep, pakte de vrouwman hem stevig vast en draaide Mimoun naar zich toe. Hij probeerde zich te verweren, maar het gemak waarmee 'Kartscht' hem op zijn schouders legde, maakte hem klein en gedwee. Kartscht sloeg zijn enorme vleugels uit. Mimoun snapte niet wat er precies gebeurde. 'Wa-ha-lah!' riep hij uit. 'Ik droom toch niet weer?'

Dit was een droom die hij vaak droomde. Zolang hij zich herinnerde! Hij kon hem alleen herkennen als hij hem weer droomde. Dus deed hij zijn ogen dicht en daarna weer open. Om wakker te worden uit deze droom. Maar telkens als hij zijn ogen opende, zag Mimoun dat hij met een duizelingwekkende snelheid door een tunnel werd gevlogen. Hij hield zich vast aan het lange haar van Kartscht. Als Kartscht even een scherpe bocht naar links of rechts maakte, rolde hij vanzelf de andere kant op. Zo vlogen ze samen naar het einde van de tunnel. Naar het licht toe.

2 De Beschermers

Het licht werd steeds feller. Het deed pijn aan zijn ogen. Daarom hield Mimoun zijn ogen stijf dicht. Kartscht verminderde zijn snelheid, zodat hij kon landen in de lichtbundel. Toen Mimoun zijn ogen weer langzaam opende, zag hij dat alles wit was om hem heen. Mooi wit. Hij trilde van deze schoonheid. Zulk prachtig wit had hij nog nooit gezien. Het was alsof hij erin baadde. Het wit krulde boven van hem weg en maakte plaats voor twee gezichten. Een man en een vrouw of een vrouw en een man. Zo op het eerste gezicht kon hij dat niet zien.

Terwijl de ene figuur hem met water besprenkelde, liet de andere een drankje in zijn mond vloeien. Hij verslikte zich. Twee handen tilden zijn hoofd en schouders iets omhoog. Opeens zag hij dat hij in bed lag. 'Merhba, welkom in onze wereld', hoorde hij de vrouw zeggen. De man naast haar knikte met een glimlach. Mimoun liet zich zachtjes terugzakken in het bed. Ongelovig hoorde hij de woorden aan. Allerlei vragen dwarrelden door zijn hoofd. Waarom kon hij hen verstaan? En waar was Kartscht?

Alsof ze zijn gedachten konden lezen, zei de man: 'Wees niet bang, je bent veilig hier.' Mimoun bewoog zijn ogen van haar naar hem. En weer terug. De man vervolgde: 'Je bent net ontwaakt uit een zeer diepe slaap. Jouw reis naar hier was lang.' Mimoun bestudeerde nog steeds de twee vriendelijke gezichten. 'Deze drank maakt dat we elkaar kunnen begrijpen', vulde de vrouw aan. 'Ik heet Sahra en mijn man heet Zyad.' Mimoun vroeg met een zachte stem: 'Maar hoe kom ik …?' Voordat hij zijn zin kon afmaken, zei Zyad: 'Rust eerst goed uit, jouw komst naar hier heeft een reden.' Mimoun pikte dat ene woord eruit en vroeg: 'Een reden?' 'Ja, een reden', antwoordde Sahra met een lieve stem. 'Mensen zoals jij leven hier niet meer', zei ze.

Mimoun probeerde zich voor te stellen hoe hij hier beland was. Het enige beeld dat voor zijn ogen verscheen, was van die boom waaronder hij een dutje wilde doen en het wilde feest daarna. 'Die boom … en dat feest', fluisterde hij. Bij het horen van deze woorden keken de twee gezichten eerst elkaar aan en daarna draaiden ze zich naar Mimoun. Sahra zei: 'Ja, die boom heeft een bijzondere ziel, via hem kan men hier naar toe reizen. Maar alleen bij speciale gelegenheden, zoals onze bruiloft.' Mimoun keek hen allebei om de beurt en met open mond aan en zei al stotterend: 'Ma … ma … bruk me … met jul … jullie trouw … eh … feest.' Sahra knipperde met haar ogen en zei: 'Fijn dat je ons feliciteert. Wij horen bij elkaar.'

'Je zat vast tussen hier en daar en je bent door onze vriend, die jij Kartscht noemt, naar ons toe gevlogen', legde Zyad uit. Mimoun vroeg: 'Wat bedoel je met "vast tussen hier en daar"?' Zyad antwoordde: 'Je ziel zat vast aan die boom. Tussen waar je vandaan komt en waar je nu bent. Kartscht heeft jou toen gezien en je naar hier gevlogen.' Mimoun dacht na en zei: 'Maar dan kan ik, als Kartscht mij weer terugvliegt, via die boom weer naar boven komen?' Een lange stilte viel. Hij wachtte op antwoord, maar dat kwam niet. Toen zei Mimoun: 'Dat kan toch? Of niet?'

'Nee, dat gaat niet zo makkelijk', zuchtte Zyad. 'Jij bent naar ons toe gezongen. Dat is bijzonder, want dat gebeurt alleen als de sterren in de juiste positie tegenover elkaar staan en in een fractie van een seconde naar elkaar knipogen.' Mimoun vroeg: 'En hoe vaak gebeurt dat, dat ze naar elkaar knipogen?' Zyad antwoordde: 'Niemand weet dat eigenlijk, maar sommigen beweren eens in de honderd jaar.' Zolang kon Mimoun niet wachten, laat staan dat hij nog zo lang kon leven. Om hem te troosten zei Sahra: 'Je zult aan ons leven hier wennen en niet meer terug willen.' Toen ze dat zei, sprong hij van het bed en riep met trillende handen: 'Als ik niet terug kan gaan, dan zit ik hier dus gevangen!' Zyad pakte zijn rechterhand vast bij de pols en zei: 'Rustig maar! Zolang jij je hartslag hoort kloppen, ben je nog niet van onze wereld.' Mimoun begreep dat niet.

Zyad vertelde verder: 'Wij hebben allemaal een hart. Alleen is dat van jou anders van vorm dan het onze. Dat is logisch. Jij bent uit aarde en water geschapen en wij uit vuur en lucht. Daarom kunnen wij elke vorm aannemen die we maar willen. Nu hebben we jouw vorm aangenomen. Anders zou je ons niet zien.' Zyad stak Mimoun zijn pols toe en zei: 'Voel de mijne maar.' Mimoun raakte met zijn vingers de pols van Zyad aan, maar voelde geen hartslag. Toen Sahra het gezicht van Mimoun wit zag wegtrekken, zei ze: 'Wees niet bang, want wij zijn hier jouw beschermers. Dat heeft het lot zo bepaald. We zien dat je pijn lijdt. Vertel ons waar je mee zit.' Toen hij dit hoorde, wist hij niet precies waar hij moest beginnen. Zijn hart begon sneller te kloppen. Nog steeds natrillend zei Mimoun: 'Als ik niet op tijd naar huis terugkeer, dan zullen mijn ouders, broers en zussen zich zorgen gaan maken om mij en mij gaan zoeken.' Er rolden tranen over zijn wangen.

Zyad en Sahra voelden hoe verdrietig Mimoun werd en keken elkaar aan. Alsof ze gedachten konden lezen. Toen zei Zyad tegen Mimoun: 'Er is misschien een manier om weer terug te keren.' Mimoun veegde zijn tranen weg en spitste zijn oren. 'Maar daarvoor is de toestemming nodig van de koning', vervolgde Zyad, 'hij is de enige die weet hoe je terug kunt gaan. En er is nog iets ... Om bij de koning te komen zul je een gevaarlijke reis moeten ondernemen. Het zal een reis zijn die veel van je krachten zal vergen. Morgen zal ik je daar meer over vertellen. Probeer nu eerst aan te sterken.'

3 De Kaart

De volgende dag stond Mimoun op en keek door een rond gat naar buiten. Wat hij zag, kon hij zelfs in zijn fantasie niet bevatten. De huizen leken op piramides. Of waren het tempels? Ze waren omgeven door wildgroei. Het leek wel een jungle. Hij had zoiets nog nooit eerder gezien. 'Zo, ben je weer wakker?' hoorde hij een bekende stem achter zich zeggen. Mimoun keek om en zag dat Zyad bij hem in de kamer stond.

Zonder dat Mimoun ernaar vroeg, zei Zyad: 'Die piramides herinneren ons aan een lang vervlogen tijd, toen we normaal contact hadden met de mensen daarboven. Wij gingen bij hen op bezoek en zij bij ons. Totdat dat niet meer kon, omdat zij zich erg arrogant gingen gedragen, terwijl wij hen juist hielpen met het ontwerpen van hun gebouwen.' Mimoun was nieuwsgierig. 'In welke zin arrogant?' vroeg hij. Zyad antwoordde: 'Als mensen denken dat zij beter zijn dan hun schepper, andere mensen offeren en de natuur vernietigen, dan is dat erg arrogant.'

Mimoun keek verschrikt: 'Mensen offeren?' Zyad ademde diep in en zei: 'Ja. In het begin was dat nog niet zo. We leefden vreedzaam samen en hadden toen zelfs gezamenlijke bidrituelen. Ieder was vrij om eraan mee te doen. Maar toen de mensen van boven andere mensen gingen offeren door hun hart levend uit hun borstkas te snijden, ging het mis.' Zyad werd stil. Voorzichtig vroeg Mimoun: 'Waarom deden ze dat?' Zyad antwoordde: 'Om de door hen bedachte goden gunstig te stemmen. Toen braken er rellen uit. Het werd zelfs oorlog tussen ons. Dat noemden wij de oorlog van de Grote Vloek. Velen zijn toen gedood of gevlucht. Daarna hebben we besloten om het contact met de mensen definitief te verbreken. Natuurlijk zijn er mensen, zoals jij, die eens in de honderd jaar ...'

Sahra onderbrak Zyad: 'Val Mimoun toch niet lastig met asatir al-uwla.' Mimoun vroeg: 'Wat is dat asa ... tir ... al ...wat?' Zyad antwoordde: 'Asatir al-uwla zijn de allereerste verhalen.' Sahra draaide haar hoofd naar Zyad en zei: 'Juist ja, zo heten de oerverhalen. Val daarom Mimoun er niet mee lastig. Je ziet dat hij net probeert bij te komen.' Mimoun zei: 'Nee, nee, hij valt me echt niet lastig, ik vind deze verhalen eigenlijk wel boeiend.' Sahra, die net wat eten en drinken op een dienblad bij zich had, zei: 'Eet maar lekker op. Je zult het nodig hebben voor jouw lange reis naar de koning.' Mimoun begon aan zijn ontbijt. Wat hij dronk, leek op melk en hij at daarbij koekjes, die naar aardappel smaakten.

Sahra en Zyad lieten Mimoun alleen ontbijten, maar snel daarna kwam Zyad terug met een grote kaart. Hij rolde die uit op het bed. Nieuwsgierig liep Mimoun naar hem toe, maar hij zag niets op de kaart. Alles was zwart. Met een vragende blik keek hij naar Zyad en zei: 'Wat stelt dit voor?' Zyad lachte luidkeels en zei: 'Dat komt omdat je nog niet weet hoe je je weg erin moet zoeken. Als je je heel goed concentreert, dan verschijnt de weg die je zoekt vanzelf.' Mimoun was benieuwd. Hij deed zijn ogen dicht en begon zich te concentreren op de koning. Toen hij zijn ogen weer opende, zag hij de route zichtbaar worden.

Zyad wees met zijn vinger naar een punt op de kaart en zei: 'Hier zitten we nu en daar moet je naartoe. Daar zit de koning.' Mimoun vond de twee punten op de kaart niet zo ver van elkaar verwijderd. Alsof Zyad zijn gedachten kon lezen, zei hij: 'De koning lijkt erg dichtbij, maar dat is bedrog. De kaart speelt ook in op wat je graag wilt zien. Jij wilt snel bij de koning zijn, dus ...' Mimoun onderbrak hem en zei: 'Maar dan is die kaart toch gewoon onbetrouwbaar?' Zyad glimlachte en zei geduldig: 'Luister, Mimoun. Jij bent degene die de koning moet vinden, omdat je graag terug wilt naar je familie. Deze kaart kan je daarbij helpen. Maar dan zul je, als je je concentreert, je hart ook moeten volgen. Probeer het nog eens.' Zyad liet Mimoun zich opnieuw concentreren op de koning. Toen Mimoun de kaart weer bekeek, zag hij dat die nu veel gedetailleerder was. De punten van daarnet waren ineens als grote plaatsen afgebeeld. De weg naar de koning was niet meer recht, maar kronkelend. Hij was verbaasd: 'Hoe kan het dat ik ineens veel meer zie?' Zyad keek hem diep in zijn ogen en zei: 'Omdat je deze keer niet alleen je verstand hebt gebruikt, maar ook je hart.' Terwijl hij dit zei, rolde Zyad de kaart op en gaf hem aan Mimoun.

'Dit heb je ook nodig', zei Sahra en overhandigde hem een flesje. 'Als je deze drank inneemt, dan kun je met alles wat een ziel heeft, praten. En dat is veel, want alles in de natuur heeft een ziel, zelfs een grot.' Sahra bond het flesje aan zijn middel vast en zei: 'Zo kun je het niet verliezen. Maar ik waarschuw je, onthoud één ding heel goed: het drankje zal op een gegeven moment opraken. Wees daarom voorzichtig met wie je wilt praten.' Mimoun knikte. 'Goed,' zei Zyad, 'dan heb je nu alles.' 'Nee,' zei Sahra, 'Kartscht zal je gids zijn. Hij wacht buiten op je.' 'Heet hij ook echt zo? Kartscht?' 'Dat weten we niet', antwoordde Sahra. 'We kunnen het niet aan hem vragen, want hij is stom geboren. Onze ouders hebben hem als wees gevonden en beschermd. Wij hebben die taak overgenomen. En jij bent de eerste die hem door zijn geluid te imiteren, een naam heeft gegeven. Wij noemden Kartscht altijd "onze vriend". We hebben hem ook nooit een naam willen geven, bang om hem een verkeerde naam te geven. Dat kan onheil brengen.' Mimoun werd nieuwsgierig: 'Hoezo onheil?' Sahra zei: 'Elke ziel heeft een naam. De meeste namen passen goed bij de personen en dingen waaraan ze gegeven zijn. Maar soms kan het zijn dat iemand of iets een verkeerde naam krijgt. Dan gaat het mis. Daarom gebeurt het dat we wel eens de opdracht krijgen om ouders adviezen te geven hoe ze hun pasgeboren kind zeker niet moeten noemen.' Mimoun probeerde het te begrijpen.

Zyad mengde zich in het gesprek en zei: 'Kijk, jij heet Mimoun, maar je had ook anders kunnen heten. Was je dan nu een ander persoon geweest?' Mimoun zei: 'Ik heb daar nooit over nagedacht, maar ik denk het niet. Maar misschien begrijp ik het ook niet.' Sahra zei: 'Je hoeft het nu ook niet te begrijpen. Laat het maar zo. Het komt wel. Je vriend Kartscht wacht op je.' Mimoun keek ze aan: 'Dan ga ik maar gauw naar hem toe.' Sahra en Zyad liepen met hem naar buiten toe. Daar stond Kartscht al klaar.

Sahra omhelsde Mimoun en zei: 'Kartscht zal je onderweg helpen met het vinden van eten en drinken. Zorg goed voor hem, dan zal hij ook goed voor jou zorgen.' Daarna omhelsde Zyad hem en zei: 'Overal waar je komt, zullen we in gedachten bij jou zijn. Je kunt ons in nood altijd oproepen.' Net toen Mimoun naar Kartscht wilde lopen, haalde Sahra hem in en gaf hem een klein scherp mesje en zei: 'Dat is altijd handig om bij je te hebben.' Sahra stopte het mesje in een hoesje met een riem en bond dat om zijn middel vast.

4 De Reis

Kartscht tilde Mimoun op zijn schouders en vloog weg. Mimoun keek nog een keer achterom, maar zag alleen nog de schimmen van Zyad en Sahra. Mimoun vloog over de piramides. Het was een machtig uitzicht. De gedachte dat mensen hier levend werden geofferd, bezorgde hem koude rillingen. Eerst zag hij alleen maar zwart om de piramide heen. Het zwart werd gevormd door duizenden hoofden die zich hadden verzameld om het offer bij te wonen. Toen hij beter keek, zag hij dat een meisje via de trap naar de top van de piramide werd gedragen. Zij was het offer.

Uit duizenden kelen hoorde hij een kreet: 'Ooo-wah-ha-ka ... Ooo-wah-ha-ka ...' Trommels begeleidden deze oerkreet steeds sneller: 'Doen, owahaka, doen, owahaka ...' Toen het meisje op de top van de berg was aangekomen, werd zij op een liggend beeld gelegd. Daar hief een uitgedoste man met zijn linkerhand een lange stok in de vorm van een slang omhoog, 'de Cobra'. Plotseling werd het ijzig stil. De man keek naar het meisje en sprak met sissende stem een aantal spreuken. Daarna naderde hij haar nog dichter en legde de stok op haar hart. Het meisje begon te gillen. Mimoun sidderde en schudde het beeld van zich af. Het gegil van het meisje stierf langzaam weg.

Kartscht leek nu wat langzamer te vliegen dan die keer in de tunnel. Mimoun hield zich wel stevig vast aan zijn haren. De piramides verdwenen langzaam uit het zicht. Zij maakten plaats voor een jungle. De jungle veranderde in water. Water werd oceaan. Overal was water te zien. Mimoun begon zich duizelig te voelen en legde zijn hoofd op dat van Kartscht.

In de verte zag hij een stipje in het water. Na een tijd leek zich een eiland af te tekenen. Mimoun hief zijn hoofd op en riep naar Kartscht: 'Stoppen we daar?' Kartscht draaide zijn hoofd om naar Mimoun alsof hij tegen hem wilde zeggen dat hij dat best vond. Toen Kartscht weer naar voren keek, zag hij plots een hoge berg voor zich. Om er niet tegenaan te botsen schoot hij in een flits omhoog. Hierdoor verloor Mimoun zijn evenwicht en viel. Kartscht zag dat en dook hem met een enorme snelheid achterna. Mimoun zou op de grond te pletter slaan. Hij duizelde van angst, sloot zijn ogen en wachtte op de klap. Toen werd alles zwart om hem heen.

Toen Mimoun bijkwam van de schrik, lag hij op het strand. Hij ging zitten en keek om zich heen. Kartscht zag hij nergens. Hij stond op om hem te gaan zoeken. Hij liep het dichte oerwoud in en probeerde langs enorme hoge bomen een weg te vinden. Zo nu en dan riep hij heel hard: 'Kartscht! Waar ben je? Kartscht ...' Behalve de echo van zijn eigen geluid hoorde hij niets. Hij draaide zich om en keek om zich heen. Sommige bomen waren heel bijzonder van vorm. Zoals een boom waarvan de stam naar boven toe steeds dikker werd. Het leek of hij zou knakken als je ertegen aan zou leunen. Daarom deed hij dat niet.

Mimoun had eigenlijk geen tijd om veel aandacht aan deze rare natuurvormen te besteden en zich te verbazen over hun bouw. Hij zocht naar Kartscht. Zonder hem zou hij hier vastzitten. Hij moest er niet aan denken. Toen hij zich steeds meer ging concentreren op geluiden om zich heen, hoorde hij in de verte een waterval. Zijn gevoel zei dat hij daarnaartoe moest. Daar zou Kartscht zijn, dacht hij en ging sneller lopen. Hij moest wel oppassen dat hij niet tegen een boom botste. Het geluid van de waterval klonk steeds heftiger. Bij de waterval probeerde hij Kartscht te roepen, maar hij werd overstemd door het geluid van kletterend water.

Net toen Mimoun de zoektocht opgaf en bij het meer aan de waterval ging zitten, dook Kartscht uit de bomen achter hem tevoorschijn. Mimoun sprong op en omhelsde hem innig. Kartscht had wat vruchten voor hem verzameld. Mimoun at ze op. Ze waren voedzaam en smaakten erg zoet. Dat vond Mimoun lekker. Het sap van de vrucht droop over zijn kin. Kartscht keek toe hoe Mimoun zat te schransen. Mimoun bood hem een vrucht aan, maar Kartscht schudde van 'nee'. Mimoun dacht aan Zyad en Sahra. Hen zag hij ook niet eten of drinken. Blijkbaar hebben zij geen voedsel nodig, dacht hij en at verder.

5 Het Meer

Mimoun richtte zijn blik op het meer. Even dacht hij dat hij zijn ouders erin zag. Hij wreef zijn ogen en keek opnieuw. Nu zag hij ook zijn broers en zussen in het water. En daarna zijn vrienden. Ja, zelfs de imam liep mee. Hij zag zijn ouders, broers en zussen huilend achter een kar lopen, die door een zwart paard werd voortgetrokken. Op de kar was een persoon van top tot teen in het wit gehuld. Wie was deze persoon en waarom huilden ze?, vroeg hij zich af. De mensen die meeliepen, herhaalden steeds dezelfde zin: 'La ila ha il la lah ... La ila ha il la lah ... La ila ha il la lah ...'

Ze hielden op met la'ilahan toen ze bij een begraafplaats aankwamen. Sommige kinderen hoorde hij zacht snikken. Vrouwen huilden hysterisch en trokken zich de haren uit hun hoofd. De imam begon de soera Yasin, een hoofdstuk uit de Koran, hardop op te dreunen. Mannen volgden zijn voorbeeld. Hij zag hoe zijn moeder werd opgevangen door zijn vader en hoe de broers en zussen elkaar opvingen. Wie was er toch dood?, vroeg Mimoun zich af. Hij liep het water in om de beelden beter te kunnen zien. Maar telkens als hij dichterbij kwam, trok het visioen verder weg. Het water leek met hem te spelen. Mimoun gaf niet op. Hij liep nog dieper het water in om met zijn hand zijn ouders aan te kunnen raken.

Plotseling werd hij gegrepen door lange glibberige handen en meegesleurd de diepte in. Toen Kartscht dat zag, vloog hij onmiddellijk naar Mimoun en probeerde hem met al zijn kracht uit het water te trekken. Tevergeefs. Het was te laat. Mimoun gleed weg en terwijl hij steeds dieper naar beneden werd getrokken, voelde hij zijn borst en buik opzwellen van pijn en angst. Het stak hem overal. Alsof er doornen in hem groeiden die door zijn huid naar buiten wilden barsten. Hij wilde niet op deze manier aan zijn einde komen. Eenzaam doodgaan was altijd zijn grootste angst geweest.

Terwijl Mimoun de diepte in werd getrokken, dacht hij aan Sahra en Zyad. In gedachten riep hij ze op. Op hetzelfde moment verschenen ze voor hem. Hij hoorde Zyad zeggen: 'Durf je angsten recht in de ogen te kijken. Laat je angsten je leven niet beheersen. Wees sterk en verzet je ertegen. Angsten maken je zwak en weerloos. Reageer! Nu!' Mimoun deed zijn ogen open en probeerde zich te bevrijden van de glibberige handen. Dat lukte niet. Zijn ogen werden vuurrood. Sahra zei: 'Blijf proberen. Geef niet op. Pak je mes en vecht terug.' Mimoun trok met een ruk zijn mes los en sneed diep in de glibberige handen. Er volgde een ijzingwekkende schreeuw. Meteen daarna werd hij uit de greep verlost en met volle kracht naar boven gespuugd.

Kartscht had alle hoop opgegeven om Mimoun ooit weer terug te zien, totdat hij hem ineens hoog boven het water zag uitschieten. Deze keer vloog Kartscht nog sneller naar hem toe om hem uit de lucht te pikken. Snakkend naar adem pakte Mimoun de haren van Kartscht stevig vast. Op een veilige afstand van het water landden ze.

Mimoun leunde hijgend tegen Kartscht aan. Hij was uitgeput. Ook Kartscht moest even bijkomen. Het rood in Mimouns ogen was helemaal weggetrokken. Daarentegen veranderde het meer in een vuurrode poel. Sahra en Zyad waren nog steeds in gedachten bij hem. Ze waren trots op hem. 'Wayara labuya!' zong Sahra. 'Je hebt je angsten overwonnen', zei ze. 'Halleluja! Nu de rest nog', zei Zyad geheimzinnig. Daarop verdwenen ze allebei van zijn netvlies. Mimoun overdacht het gevecht met zijn angsten. Zijn angsten waren fantasieën waarin hij bijna verdronken was. Maar hij had ze verslagen en dat voelde heel goed. Kartscht glimlachte naar hem. Mimoun glimlachte met trots terug.

Nadat Mimoun een beetje was uitgerust, pakte hij de zwarte kaart uit zijn hemd en vouwde hem open op de grond. Hij concentreerde zich op de koning. Mimoun zag dat ze al behoorlijk waren opgeschoten. Hij bestudeerde de weg. Die was een stuk korter geworden. Gelukkig! Mimoun stond op. Kartscht tilde hem op zijn schouders en ze vlogen samen weg van het eiland. Een paar keer keek Mimoun nog om, totdat het eiland een stipje werd en langzaam uit het zicht verdween.

Nu Mimoun gewend was geraakt aan Kartscht, kon hij wat meer ontspannen meevliegen, zonder bang te zijn om te vallen. Mimoun hield de haren van Kartscht niet zo strak vast als daarvoor. Soms liet hij ze zelfs los om zich beter te kunnen concentreren op de kaart, die door het vliegen voortdurend van vorm veranderde. Of hij genoot van de koele wind die zijn wangen streelde. Als hij goed onder zich keek, zag hij af en toe grote vissen opspringen uit het water terwijl ze een enorme duik naar voren maakten. Even leken ze op het hoogste punt te bevriezen om dan weer in het water terug te glijden. Het leek alsof de grote vissen een waterballet aan het opvoeren waren.

Kartscht ging wat lager vliegen zodat Mimoun de vissen nog beter zou kunnen zien duiken. Ze leken op dolfijnen. Hij telde er acht. Zo groot was ook zijn familie. Hij zou hen graag vragen waar ze naartoe gingen. Hij keek naar het flesje dat hij van Sahra had gekregen. Mimoun voelde de verleiding groot worden om er een slok van te nemen, dan kon hij met hen praten. Hij maakte het flesje los van zijn middel. Net toen hij het wilde openmaken, draaide Kartscht zijn hoofd om. Alsof hij wilde zeggen dat hij het beter kon bewaren tot het moment dat het echt nodig was. Mimoun schaamde zich een beetje en bond het flesje weer vast om zijn middel.

Om de verleiding voor Mimoun kleiner te maken ging Kartscht weer hoger vliegen, totdat Mimoun de dolfijnen bijna niet meer kon zien. Het enige wat Mimoun nog zag, waren korte grijze strepen die door het water achter elkaar zwommen. Even verdwenen ze om later weer tevoorschijn te komen.

6 De Woestijn

Mimoun zuchtte en pufte. Hij kreeg het heel warm, zo warm dat het zweet van zijn gezicht afdroop. Kartscht naderde de kust. Ze vlogen over de duinen. Daarachter lag het begin van een uitgestrekte woestijn. Waar je ook keek, je zag alleen zand, zand en nog eens zand, oneindig veel zand. De mond van Mimoun werd alsmaar droger. Hij kreeg dorst. Een oase, dacht Mimoun. Overal dacht hij water te zien. Maar telkens wanneer Kartscht dichterbij vloog, verdween het water als sneeuw voor de zon.

Kartscht maakte een flauwe bocht terwijl hij aan het dalen was. Waarom wilde Kartscht hier landen? Waarom hier? vroeg Mimoun zich af. Midden in de woestijn! Kartscht landde en zette Mimoun voorzichtig op een zandheuvel. Terwijl Mimoun naar Kartscht keek, zei hij vragend: 'Waarom stoppen we hier? Ik begrijp het niet. Er is niets hier en zo verliezen we alleen maar tijd.' Kartscht bewoog zijn hoofd schuin van boven naar beneden. Op deze manier wist Mimoun niet of hij nu 'ja' of 'nee' bedoelde.

Plotseling nam Kartscht een aanloop en vloog weg. Mimoun liep hem hard achterna: 'Hé, waar ga je naartoe? Neem me mee! Ik wil naar de koning! Ga niet weg!' Hij rende zo hard dat hij viel en van de heuvel afrolde als een bal. Toen Mimoun weer opkeek, was Kartscht allang verdwenen richting de zon. Waarom liet Kartscht hem uitgerekend hier achter? Had hij hem misschien kwaad gemaakt? Hij wilde zich Sahra en Zyad voor de geest halen, maar bedacht zich. Hij herinnerde zich de zin van Zyad in het meer: 'Durf je angsten recht in de ogen te kijken!' Hij liep eerst terug naar de top van de heuvel, ging zitten en bestudeerde de omgeving.

Mimoun had nooit echt het begrip oneindigheid kunnen begrijpen. Maar nu kon hij het, midden in de woestijn, zelf ervaren. Zijn ogen dwaalden langs een oneindige horizon. Hij werd weer rustig en rolde zijn kaart uit om te kijken welke richting hij uit moest. De afstand naar de koning leek ineens veel groter. Hij probeerde zich opnieuw op de kaart te concentreren. De afstand tot de koning werd nog groter. Hij stopte de kaart weer weg. 'Misschien heeft de zon mij dronken gemaakt', sprak hij hardop in zichzelf. Hij stond op en ging op zoek naar schaduw.

'Salamu alaikum, vrede zij met jou, reiziger, waar gaat je weg naartoe?' hoorde Mimoun achter zich zeggen. Hij draaide zich om en zag een man met een heel lange baard. De baard was zo lang dat hij er een aantal knopen in had gelegd. Hij zat op een kameel. Hij leek uit het niets te zijn gekomen. 'Mag ik vragen hoe u ineens hier komt?' vroeg Mimoun verbaasd. 'Dezelfde vraag kan ik ook aan jou stellen, mijn zoon', zei de man terwijl hij van zijn kameel afstapte. Hij kwam dichter bij Mimoun staan en zei: 'Noem mij maar Ibn Hindi. Hoe heeft God jou eigenlijk genoemd?' Hij antwoordde: 'Ik heet Mimoun.'

Ibn Hindi zei: 'Hoe kom jij in hemelsnaam hier verzeild? Zo alleen.' Mimoun zei: 'Ik ben niet alleen. Daarnet was ik nog met ...' Hij aarzelde om Kartscht te noemen toen hij zag dat de ogen van Ibn Hindi alsmaar groter werden. Ibn Hindi keek Mimoun recht in zijn ogen en zei: 'Ik begrijp je ... want niemand is natuurlijk echt ... alleen. Wij hebben allemaal wel een andere ik.' Op datzelfde moment aaide Ibn Hindi zijn kameel en zei tegen haar: 'Jij bent ook nooit alleen, mijn Izi Kandy!' De kameel geeuwde.

'Vertel eens', zei Ibn Hindi. 'Waar brengt de reis jou naartoe?' Mimoun zei: 'Naar de koning. Zodat ik weer naar mijn familie terug kan keren.' Ibn Hindi fronste zijn wenkbrauwen en zei: 'Heb je daar tegenwoordig ook al toestemming voor nodig?' Mimoun voelde zich een beetje ongemakkelijk. Hij wist niet zo goed hoe hij het aan deze man moest uitleggen. Daarnaast had hij een enorme dorst. Ibn Hindi merkte dat en liep naar zijn kameel. Daar haalde hij een fles water uit zijn tas en bood deze Mimoun aan. Dankbaar pakte Mimoun de fles en bracht hem naar zijn mond. Terwijl Mimoun dronk, zei Ibn Hindi: 'Drink zoveel als je wilt van het water van zam zam. Het water waar je nooit buikpijn van kunt krijgen. Zeg wel eerst "bismilah".' Mimoun mompelde 'bismilah' en klokte het water in zijn droge keel. Een paar grote slokken bleken genoeg. Hij veegde de druppels van zijn lippen en gaf de fles weer terug aan Ibn Hindi.

Nu vroeg Mimoun aan hem: 'Waar bent u eigenlijk naar op zoek?' Ibn Hindi antwoordde: 'Naar kennis, mijn zoon.' Toen streelde Ibn Hindi zijn enorme baard en vervolgde: 'Niet de kennis die macht bederft, maar kennis die inzicht geeft in je ziel.' Ibn Hindi keek rond en zei: 'Kijk om je heen, dan zie je dat de woestijn immens is. Er lijkt geen einde aan te komen. Dat is net als met kennis. De woestijn is weer opgebouwd uit heel kleine korrels.' Ibn Hindi knielde op de grond en schepte met zijn hand wat zand en liet het door zijn vingers glijden. 'Elke korrel is uniek, maar maakt op zichzelf weinig indruk als je hem losmaakt van zijn plaats. Precies zo is het ook met de ziel. Al die korrels bij elkaar vormen een machtig geheel. Daarom moet de ziel zich voortdurend baden in een kring van kennis. Een ziel zonder kennis is dwalende.'

Mimoun dacht diep na en zei: 'Als u de ziel vergelijkt met een korrel zand, dan is geen enkele ziel alleen in staat om alle kennis te overzien?' Ibn Hindi antwoordde: 'Tot op een zekere hoogte kan dat ook niet. Maar de grens bepaalt ieder voor zich. Elke zandkorrel kiest daarin zijn eigen weg. Zelden blijven korrels echter op een plek liggen. Er is altijd beweging. Sommige bewegen veel. Andere weinig. Dat is afhankelijk van je kunnen en willen, maar ook van geluk. Soms heeft het zelfs daar niets mee te maken, maar blaast de wind hen gewoon naar een totaal andere plaats. Dan heb je niks te kunnen of te willen. Dan gebeurt het gewoon. Dat noemen wij het lot.' Terwijl Ibn Hindi dit zei, veegde hij met zijn linkerhand het zweet van zijn voorhoofd. Daarna plaatste hij zijn rechterhand boven zijn ogen om ze te beschermen tegen de felle zon. Ibn Hindi ging verder: 'Jij reist. Dus doe je kennis op. Als je die kennis goed gebruikt, ga je naar een hoger niveau. Dan overschrijd je je grens, begrijp je? En daar doe je weer precies hetzelfde. Totdat je de ultieme fase bereikt. Dat is het hoogst haalbare. Dat noemen we de Verlichting.'

'De Verlichting?' vroeg Mimoun. 'Ja, de Verlichting! Sommigen noemen het ook wel de totale onderwerping aan het allerhoogste. Noem het maar zoals je wilt, als je maar weet dat bij steeds meer kennis, ook steeds meer nederigheid en bescheidenheid de ziel siert.' Mimoun kon hier weinig tegen inbrengen. Hij voelde zich nu net een zandkorreltje. Ibn Hindi liep naar de kameel toe, pakte een groot doek uit zijn tas en zei: 'Help me even, dan kunnen we onszelf en Izi Kandy beschermen tegen de felle zon.' Samen zetten zij een tentje op. Ibn Hindi pakte uit zijn tas een zak dadels en gaf er een aantal aan Mimoun. Het waren net snoepjes. 'Ik moet even mijn kameel voederen.' Ibn Hindi verdween.

Mimouns gedachten dwaalden af. Hij herinnerde zich het verhaal van Mozes, die veertig jaar met zijn volk Banu Israël door de woestijn doolde. Uiteindelijk vonden ze het land van melk en honing. Maar het was Mozes niet gegeven om zelf van dat land te proeven. 'Waar denk je aan?' onderbrak Ibn Hindi Mimouns gedachten. Mimoun schrok op. Hij keek om zich heen en zag dat hij in een enorme boekenzee beland was. Hij vroeg verbaasd: 'Hoe kom ik hier?' Ibn Hindi antwoordde: 'Door het doek, dat we net over ons heen hebben gelegd tegen de zon. Het heeft ons naar hier geflitst. Merhba! Doe alsof je thuis bent. Ik kom zo terug.' Daarop verliet Ibn Hindi de ruimte. Mimoun stond op en liep naar een groot venster toe. Wat hij zag, was onbeschrijfelijk mooi. Het uitzicht was adembenemend. Hij keek uit over de sterren en planeten. Hij was verrukt.

'Oh, ben je naar de sterren aan het staren?' hoorde hij Ibn Hindi achter zich zeggen. Ibn Hindi was weer terug. Hij liep naar Mimoun en zei: 'Ga zitten, je hebt vast honger.' Daarna zette Ibn Hindi een schaal met bolletjes op tafel. Nieuwsgierig pakte Mimoun een bolletje van de schaal en nam voorzichtig een hapje. De bolletjes smaakten naar een mengsel van rijst en kikkererwten. Ibn Hindi zei: 'Wanneer je klaar bent met eten, dan geef ik je een kleine rondleiding om ook je andere honger te stillen.' Na drie bolletjes had Mimoun wel genoeg. Toen Ibn Hindi zag dat Mimoun klaar was, zei hij: 'Sta op, dan kan ik je wat boeken laten zien.' Mimoun stond op en volgde Ibn Hindi. Ze liepen door een lange zuilengang. Aan weerszijden van de gang zag hij boeken zij aan zij in uitgehouwen nissen in de muur staan. Waar de boeken niet meer rechtop in de nissen pasten, lagen ze op elkaar gestapeld.

Behalve boeken zag Mimoun ook schilderijen aan de muren hangen. Zo zag hij een enorm schilderij waarop een geboeide man in een grot was afgebeeld. Boven in de grot was een gat waar zonlicht doorheen scheen. Het licht projecteerde schaduwen van bewegende voorwerpen op de wand tegenover de geboeide man. Toen Ibn Hindi merkte dat dit schilderij op Mimoun een grote indruk maakte, stond hij voor het schilderij stil en zei: 'De maker van dit schilderij is geïnspireerd door het zevende boek van Plato. Hier is het zoeken naar kennis afgebeeld. De man op het schilderij ziet slechts de schaduwen van de voorwerpen buiten de grot. Daardoor is wat hij ziet niet echt.' Toen Ibn Hindi aan de ogen van Mimoun zag dat hij dat niet helemaal begrepen had, zei hij: 'Als je op zoek gaat naar kennis, dan zul je het vanzelf wel gaan begrijpen. Loop nu eerst met mij mee langs de boeken.' Mimoun werd nog nieuwsgieriger en liep mee.

Ibn Hindi wees naar een aantal boeken dat hoog tegen de muur, in de bovenste nis, lag uitgestald. 'Dat zijn de spirituele boeken. Zij verkondigen allemaal dezelfde boodschap. De weg naar de Verlichting. De bevrijding van de ziel.' Hij pakte met zijn rechterhand voorzichtig een boek uit de stapel en zei: 'Dit is bijvoorbeeld een van die boeken.' Het zag eruit als een kunstwerk en was versierd met sierlijke letters. 'Vormen deze boeken de waarheid?' vroeg Mimoun. 'Nee. Deze boeken bevatten geen kant-en-klare waarheden, maar verhalen met een diepere betekenis. Uiteindelijk kiest ieder zijn eigen weg, maar de tijd zal het leren', antwoordde Ibn Hindi en legde het boek dat hij in zijn hand had terug. 'De tijd zal het leren?' herhaalde Mimoun vragend. 'Ja, over de tijd gesproken, hier heb ik nog een gedicht van Fes So Uy', zei Ibn Hindi en pakte een klein boekje. Hij blies het stof van de kaft en begon voor te lezen.

De tijd, een mysterieus verschijnsel is het
Hij is het die zich aan alle natuurwetten onttrekt
Hij is het die de levende en het levenloze doodt en redt
En zowel het verborgene ontbloot als het naakte bedekt

Hij bestond al voordat er sprake was van het begin
Heersend in alle werelden van gedachten
Geen enkel wezen ontkomt aan zijn krachten
En het lot dat zich daarbij niet neerlegt, verging

Nee, geef mij maar iets wat ik kan betasten
Iets wat bij mij blijft en waar ik iets van begrijp
Iets wat ik meemaak in de tijd zonder barsten
En dan diep in haar laat vriezen, rijp

Ibn Hindi stopte, klapte vervolgens het boek dicht, gaf een paar tikken op de schouder van Mimoun en zei: 'Kom, dan laat ik je ook andere boeken zien.' Zo zwommen ze verder in een oceaan van kennis. Elk boek vormde daarbij een druppel. Nog meer boeken over poëzie, muziek en kunst. Telkens pakte Ibn Hindi zomaar een boek uit een nis en las een stukje voor. Mimoun werd zo overspoeld met al deze kennis dat hij zich afvroeg of Ibn Hindi niet alle boeken van de wereld had.

Alsof Ibn Hindi zijn gedachten kon lezen, zei hij: 'Er is een boek dat ik nog niet heb. Dat is het beroemde Lawhat, het boek waar alles in staat beschreven, vanaf het begin tot het einde. Het boek der boeken. Daar ben ik naar op zoek.' Mimoun werd nieuwsgierig en vroeg: 'Waar is dat boek nu?' Ibn Hindi antwoordde: 'Niemand weet het. Eens kon iedereen dat boek raadplegen. Tijdens de oorlog van de Grote Vloek is het zoekgeraakt. Vanaf toen is het nooit meer boven water gekomen.' Plotseling draaide Ibn Hindi zich om en liep snel weer terug, terwijl hij Mimoun toeriep: 'Ik ben vergeten om mijn kameel Izy Kandy wat eten te geven. Tot zo.' Mimoun bleef alleen achter. Hij keek naar de boeken om hem heen tot hij er duizelig van werd.

'Zo, mijn Izi Kandy is gevoederd', hoorde Mimoun Ibn Hindi zeggen. Hij zag ineens tot zijn schrik dat hij weer op het zand lag. Nog steeds hing het doek over hen heen. Hij schoof het verward opzij en tuurde over de verre woestijn. Daarna keek hij vragend naar Ibn Hindi. 'Ik zie aan je ogen dat je mij iets wilt vragen', zei hij. Mimoun aarzelde en vroeg: 'Kun je me vertellen hoe ik eh ... het snelst bij de koning kom?' Ibn Hindi dacht na en zei: 'De snelste weg naar de koning? Ik weet wel een weg, maar ik weet niet of die sneller is dan jouw weg. Laten we eerst wat uitrusten, dan kan mijn kameel op krachten komen. Daarna kunnen we weer kristalhelder denken.' Mimoun vond dat geen slecht idee, want hij voelde zich moe en ging weer liggen rusten.

7 De Dolfijnen

Mimoun lag op het zand toen Kartscht voorzichtig met zijn vleugels zijn armen streelde. Hij opende zijn ogen, maar kon door de felle zon niet zien wie voor hem stond. Mimoun begon: 'Ibn Hindi ... gaan we nu?' Terwijl hij dat zei, ging Kartscht pal voor de zon staan. Nu zag hij dat het Kartscht was. Een gevoel van zowel blijdschap als boosheid borrelde bij hem naar boven. Blij om hem weer te zien. Boos omdat Kartscht hem eerder had verlaten, maar toch was hij vooral blij. Mimoun begon zelfs te denken dat zijn vertrek een reden had gehad. Het contact met Ibn Hindi had hem nieuwe gedachten gegeven. Ook voor zijn reis. Hij vond het jammer dat hij Ibn Hindi en zijn kameel niet meer kon bedanken voor hun kennis en gastvrijheid.

Kartscht had zijn vleugels al naar beneden gekruld. Mimoun kon deze keer zonder hulp op zijn schouders klimmen. Kartscht nam een aanloop en vloog de lucht in, de felle zon tegemoet. Mimoun bleef naar beneden kijken. Hij tuurde in de woestijn of hij misschien Ibn Hindi en zijn kameel kon zien. Hij zag ze niet. Hij dacht terug aan Ibn Hindi's woorden over kennis en de ziel. Hij had hem eigenlijk nog willen vragen hoelang hij zelf onderweg was. Zou Ibn Hindi ooit die Lawhat, de moeder aller boeken, vinden? dacht Mimoun terwijl de woestijn onder hem langzaam overvloeide in een donkerblauwe oceaan. Zijn gedachten werden op een gegeven moment weggeblazen door de sterke wind die op kwam zetten. Hij ging liggen en hield zich krachtig vast aan Kartscht.

Hij voelde wat druppels water in zijn gezicht spatten. Kartscht kreeg problemen om al vliegend zijn evenwicht te behouden. De wind blies nog harder en Kartscht begon te wiebelen. Mimoun had moeite om zich vast te houden. Het werd donker. De hemel spande zich samen en spuwde bliksemslagen. Miljoenen waterdruppels sloegen plotseling neer op de vleugels van Kartscht. Die voelde zich steeds zwaarder worden. Mimoun kon, door de krachtige wind, zijn ogen nauwelijks openhouden. Hij begon te schreeuwen tegen Kartscht: 'Ik kan je niet meer vast...' Voordat hij zijn zin kon afmaken, werd hij door de sterke wind losgerukt en zweefde hij door de lucht. Hij raakte bewusteloos. Hij was nu in handen van de storm.

Toen hij weer bijkwam, lag hij tussen twee rotsen. Op zijn buik. De storm was verdwenen. Het was stralend mooi weer. Langzaam krabbelde hij op. Om de rotsen heen zag hij twee dolfijnen zwemmen. Een grote en een kleine. Mimoun bevond zich op een heel klein eilandje, bestaande uit slechts twee rotsen. Opgewonden maakten de dolfijnen geluiden toen ze zagen dat hij probeerde op te staan. Hij verstond ze niet, maar wist dat ze blij waren. Mimoun had dorst. Hij keek naar het flesje van Sahra en nam daarvan een aantal slokken. 'We zijn blij je te zien bewegen. We waren bang dat je nooit meer zou opstaan', hoorde hij de grote dolfijn zeggen. Mimoun had niet stilgestaan bij het effect van het drankje. Daarom was hij een beetje verbaasd toen hij de dolfijnen ineens verstond. Toen hij van de verrassing bekomen was, vroeg hij aan hen: 'Hoe ben ik hier verzeild geraakt?' De kleine dolfijn antwoordde: 'Toen de storm uitbrak, gingen we wat dieper in de zee zwemmen. Even later zagen we jou in het water spartelen. We hebben je eruit gevist. Je hebt erg veel geluk gehad. De zee was door de storm erg woest geworden. Wij moesten je om beurten aan de oppervlakte houden. Wat waren we opgelucht toen we je op het droge konden leggen!'

Mimoun bedankte hen heel hartelijk en vroeg aan de dolfijnen: 'Hebben jullie ook mijn vriend Kartscht gezien?' De grote dolfijn antwoordde: 'Nee, je was de enige die we vonden.' Mimoun keek bedroefd. Daarop zei de grote dolfijn: 'We weten dat je vriend niet in zee is gevallen.' Mimoun vroeg: 'Hoe weten jullie dat zo zeker?' De kleine dolfijn antwoordde: 'Wij kunnen alle geluiden tot in de wijde omtrek van de zee horen. Ook vreemde geluiden die er niet thuishoren. Wij hebben jouw vriend niet in zee gehoord.'

Mimoun werd stil en boog zijn hoofd naar zijn hemd. Hij zag dat zijn kaart verdwenen was en vroeg: 'Hebben jullie misschien mijn kaart gezien?' De grote dolfijn antwoordde 'Bij je voeten ligt een kaart. Is dat misschien wat je zoekt?' Toen hij zijn kaart weer terugzag, haalde hij opgelucht adem. 'Wat een geluk dat ik hem niet verloren heb', zei Mimoun.

Snel rolde hij de kaart uit en concentreerde zich op Kartscht. Hij zag dat zijn vriend in de buurt was en wees de dolfijnen de plek precies aan. De dolfijnen bestudeerden de plaats op de kaart. 'Klim op mijn rug, dan brengen we je ernaartoe', zei de grote dolfijn. Mimoun sprong eerst in het water en klom daarna voorzichtig op de gladde rug van de grote dolfijn.

Hij had nooit geweten dat dolfijnen zo hard konden zwemmen. Hij moest zich goed vasthouden aan de vin om niet in het water te glijden. Na een tijd zag Mimoun in de verte land liggen. De kleinere dolfijn zei: 'Dat is de plaats op je kaart. Daar is jouw vriend.' Toen Mimoun de grond onder zich kon voelen, stopten de dolfijnen. Mimoun omhelsde hen en liep daarna het strand op. Hij had er twee nieuwe vrienden bij.

Nauwelijks waren de dolfijnen weg of Mimoun zag Kartscht naar hem toe lopen. Alsof hij hier op hem had gewacht. Mimoun was erg blij om hem weer te zien. Kartscht glimlachte naar Mimoun en strekte zijn vleugels uit. Alsof hij wilde zeggen dat ze weer verder konden reizen. Mimoun klom boven op zijn rug en samen vlogen ze weer over de oceaan. Op weg naar de koning.

8 De Tempel

Mimouns natte kleren plakten aan zijn huid. Toen ze droog waren, zag hij dat de oceaan al lang plaats had gemaakt voor groene velden. Kartscht ging lager vliegen. De velden die Mimoun zag, hadden allerlei kleuren groen. Zo veel verschillende kleuren groen had hij van zijn leven nog nooit gezien.

Net voordat Kartscht ging landen in dit groene paradijs, zag hij ineens een plaats vol met klokvormige monumenten. Kartscht landde erbovenop. Mimoun zag dat ze tussen kolossale beelden waren geland. Het waren er maar enkele, maar naar beneden toe werden ze steeds kleiner en talrijker. Het leek wel een open tempel. Mimoun stapte van Kartschts rug af en nam de beelden in zich op. Hij zag dat de muren overal waren beschilderd.

Toen hij de muurschilderingen beter bekeek, zag hij afbeeldingen van mensenfiguren met apenhoofden en allerlei dieren, soms met het hoofd van een mens. Ze leken wel een verhaal te vertellen. Maar waar was het begin? vroeg Mimoun zich af en hij liep langs de muren het doolhof in. Op sommige van de afbeeldingen zag je de mensachtigen op het land werken. Alsof ze de oogst binnenhaalden. Anderen dansten. Hij zag ook strijd. Figuren met speren en pijlen die elkaar aanvielen. Wat betekenen die afbeeldingen? dacht Mimoun.

De weg terug was gelukkig niet moeilijk. Terwijl hij naar boven liep, waar Kartscht op hem zat te wachten, hoorde hij geritsel achter zich. Hij keek om, maar zag niets. Na een tijdje hoorde hij het weer. Deze keer deed Mimoun net of hij doorliep om zich plots met een ruk om te draaien. De aap, die hij ineens een paar meter achter zich zag, verstijfde en voelde zich betrapt. Mimoun boog zijn knieën en maakte zich klein als gebaar dat de aap niets te vrezen had. Terwijl Mimoun voorzichtig naar de aap toe liep, begon de aap met zijn armen te gebaren. Hij maakte daarbij geluiden en wees naar de afbeeldingen op de muur.

Het leek wel of de aap hem iets wilde vertellen. Hij pakte Mimoun bij zijn hemd vast en wees nogmaals naar de muur. Mimoun zag dat, op de plek die werd aangewezen, de strijdwagens tegen elkaar botsten. De aap hield zijn hemd steeds strakker vast en probeerde hem naar de muur toe te trekken. Maar dat wilde Mimoun niet. Hij moest terug naar Kartscht en op weg naar de koning. Hij probeerde zich los te rukken, maar de aap liet niet los, verstevigde zelfs zijn greep. Toen gaf Mimoun een felle ruk, maar terwijl hij losraakte, griste de aap de zwarte kaart uit zijn hemd en rende ermee vandoor. Mimoun rende achter hem aan.

'Laat los die kaart! Geef terug, snottie!' riep Mimoun naar de aap, terwijl ze allebei de tempel uit renden, het ruige bos in. De aap klom in de eerste de beste boom. Mimoun schudde de stam heen en weer, maar de aap liet de kaart niet uit zijn handen vallen. Zonder die kaart kon Mimoun onmogelijk bij de koning komen. Wat moest hij doen? Mimoun keek omhoog naar de aap en vroeg hem: 'Waarom heb je de kaart gestolen?' De aap reageerde niet. Mimoun herinnerde zich het drankje dat Sahra hem had gegeven. Hij pakte het flesje en hield de aap goed in de gaten, zodat hij niet nog meer fratsen kon uithalen. Mimoun nam voorzichtig een slok van het drankje. Daarna bond hij het flesje weer stevig vast om zijn middel. Hij keek weer omhoog en vroeg de aap waarom hij zijn kaart had gestolen. De aap antwoordde: 'Omdat ik bang was dat je weg zou gaan zonder naar mijn verhaal te luisteren.' Mimoun zei: 'Wat voor een verhaal? En hoe heet je eigenlijk?' De aap antwoordde: 'Ik heet Lok Aam en het verhaal gaat over mijn voorouders.'

'Ik heet Mimoun', zei Mimoun, 'en ik zal naar je luisteren.' 'Beloof je dat echt?' vroeg Lok Aam. Mimoun knikte: 'Ja, natuurlijk, maar kom dan eerst naar beneden.' De aap sprong naar beneden, gaf de kaart terug en begon meteen, druk gebarend, te vertellen: 'Ik wilde zo graag. Jij bent de eerste aan wie ik het vertel. De grote vloek. Ik ben de enige overgeblevene. Van een machtige stam. Ik kom ...' Mimoun legde zijn hand op de schouder van Lok Aam en zei: 'Rustig aan. Niet zo wild met je handen slaan. Vertel je verhaal rustig. Je gaat veel te snel. Zo kan ik je niet volgen.'

Lok Aam haalde diep adem en begon opnieuw: 'Eens waren mijn voorouders heren en meesters over dit rijk. Dat hebben ze aan de mensen-van-ver te danken. Wij leefden daarvoor nog primitief in de bomen. De mensen-van-ver, zo noemden wij ze, omdat zij niet van deze wereld kwamen, waren op een dag hier geland. Sommigen beweerden dat zij van de zevende dimensie kwamen. Anderen zeiden dat zij de oorlog van de Grote Vloek waren ontvlucht. Hoe dan ook: zij gaven ons al hun kennis door.

We leerden niet alleen lezen en schrijven, maar bijvoorbeeld ook hoe we het land moesten bewerken. Wij, apen, werden steeds zelfbewuster en gingen ons steeds meer mens voelen. We waren, wat je noemt, apetrots. Het ging heel lang goed. Totdat een aap een keer een mens-van-ver had vermoord. Deze aap is toen opgepakt. Als reden voor zijn moord gaf hij aan dat hij zichzelf moest verdedigen. In werkelijkheid had hij uit afgunst en haat gehandeld. Alleen maar omdat de mensen-van-ver er anders uitzagen dan wij. De moordenaar werd gestraft en daarna uit dit rijk verbannen.

Ze dachten toen dat ze zo van het probleem af waren. Heel lang hoorde je niets van deze moordenaar. Maar na een aantal omzwervingen kwam hij terug naar deze plaats. En niet alleen, hij voerde een groot leger van apen aan. Hij had ze opgetrommeld uit andere rijken met gemene leugens die hij rondstrooide over deze mensen-van-ver. Zo maakte deze bedrieger de andere apen wijs dat de mensen-van-ver de grootste bedreiging vormden voor hun kinderen. Zijn volgelingen geloofden hem blindelings. Vanuit de bossen vielen ze de mensen-van-ver aan en doodden ze. Ook sommige apen werden afgeslacht, omdat zij de mensen-van-ver wilden beschermen. Tegen zo'n grote overmacht waren wij niet opgewassen, laat staan dat we erop voorbereid waren. Wij hadden ook geen leger. Binnen de kortste keren had het kwaad dood en verderf gezaaid. Veel mensen-van-ver, die een zeer kleine minderheid vormden, werden tot slaven gemaakt. Of gekruisigd wanneer ze het nieuwe rijk weigerden te dienen.

De verbannen moordenaar liet zich tot keizer van dit rijk uitroepen. Hij noemde zichzelf Ro Kwahn, de Opper Aap. De rijke beschaving van weleer brokkelde langzaam maar zeker af. Bibliotheken en scholen werden in brand gestoken, omdat kennis de apen te slim maakte. Lezen en schrijven werd daarom verboden. Hij verzamelde apen om zich heen die altijd gehoorzaamden aan zijn wil. Kunstwerken werden vernield. De kunst vertroebelde alleen maar de geest, vond Ro Kwahn. Hij wilde vanaf nu puur zijn instincten volgen. Zijn ideaalbeeld was: terug naar de oertijd. Daarin was geen plaats voor de overgebleven mensen-van-ver. Dus roeide hij ze uit. Ro Kwahn had de tijd teruggedraaid naar het begin van onze evolutie. Behalve deze tempel herinnert niets meer aan ons rijke verleden. De rest is vernietigd. Wat bleef, was een stelletje moordzuchtige wezens onder leiding van Ro Kwahn. Niets was veilig in hun buurt.'

Lok Aam haperde even en barstte ineens in huilen uit. Mimoun pakte zijn hand stevig vast. Lok Aam zei: 'In de tijd dat Ro Kwahn ons aanviel, was ik een kind van nog niet eens zes jaar. Toen ons huis werd aangevallen, schreeuwde mijn vader naar mijn moeder: "Neem Lok Aam mee en vlucht weg. Nu!" Met een snelle beweging pakte mijn moeder me op en vluchtte het bos in. Achter ons hoorden wij angstaanjagende geluiden. Mijn vader vocht voor wat hij waard was. Even aarzelde mijn moeder om achterom te kijken. Maar toen ze zijn vertrouwde stem weer hoorde: "Ik vecht voor jullie. Ren zo hard je kunt", bleef ze doorrennen totdat we veilig waren en ze uitgeput neerviel.'

Mimoun vroeg: 'Waarom is jouw vader dan niet meegevlucht?' Lok Aam beet hard op zijn lippen en zei: 'Mijn vader moest kiezen: of we werden allemaal vermoord of hij offerde zichzelf op om ons te redden. Dat laatste deed hij. Mijn vader was een held!' Even viel er een korte stilte. Mimoun veegde het bloed van de lippen van Lok Aam. 'En toen?' vroeg Mimoun nieuwsgierig. 'Toen ...' zei Lok Aam, 'wist mijn moeder een plaats te bereiken waar ze de boodschapper van de koning kon waarschuwen.' Mimoun onderbrak hem en zei: 'Wie is de boodschapper van de koning?' Lok Aam vervolgde: 'Het was toen een zwarte panter en mijn moeder was de enige die dit gruwelijke nieuws nog kon doorvertellen. Niet lang daarna stierf ze en was ik plotseling wees.'

Lok Aam stopte zijn verhaal en keek verschrikt naar boven. Kartscht kwam aanvliegen. Mimoun stelde Lok Aam gerust: 'Dat is mijn vriend en gids Kartscht. Je hoeft niet bang voor hem te zijn. Vertel verder.' Kartscht landde, knikte naar Lok Aam en ging naast Mimoun zitten. Lok Aam knikte terug en vervolgde zijn verhaal: 'Toen het nieuws de koning had bereikt, greep hij onmiddellijk in. Hij verzamelde zijn leger met alle dieren van het rijk en hakte Ro Kwahn en de zijnen in de pan. Niemand van de slechte apen overleefde de strijd.'

Lok Aam huiverde en vertelde verder: 'Het rijk bestond niet meer. Het enige wat daar nog aan herinnert, is deze tempel, die als monument door mijn voorouders is gebouwd ter ere van de mensen-van-ver. Zij hadden ons de beschaving bijgebracht. Ons de tijd ver vooruit laten leven. Vandaar deze beelden in de vorm van klokken. De muurschilderingen, die je op deze tempel ziet, heb ik later aangebracht. Toen ik hier helemaal alleen leefde. Om het verhaal voor altijd vast te leggen. De zwarte panter heeft mij, toen ik wees werd, meegenomen en opgevoed. Hoewel ik niets te klagen had, wilde ik, toen ik wat ouder werd, weer terug naar hier. Liever nog wilde ik naar de plaats waar mijn moeder en vader heen waren gegaan, maar dat mocht nog niet. De zwarte panter liet me slechts onder één voorwaarde gaan. Ik had één missie te vervullen.'

Lok Aam nam even een adempauze. Mimoun wachtte met spanning af wat hij verder ging vertellen. 'Sinds de tijd van Ro Kwahn heerst hier een vloek. Elke nacht hoor je de vreselijkste geluiden. De vloek zou pas opgeheven worden wanneer ik, als enige overgebleven, het verhaal aan de eerste mens, die deze tempel zou betreden, zou vertellen. Dat ben jij. Zodat ook de mensen-van-ver, waar ze ook zitten, eindelijk te horen kunnen krijgen waarom ze hun familieleden vanaf toen nooit meer hebben teruggezien. Zij weten nu waarom. Mijn missie is volbracht. Nu heb ik eindelijk rust.' Toen Lok Aam dat zei, verslapten zijn handen en boog hij zijn hoofd. Het leek alsof hij langzaam leeg raakte. En terwijl het oerwoud zich plotseling met de meest verschrikkelijke geluiden vulde, steeg Lok Aam op voor Mimoun zijn ogen en ging op als rook. Mimoun versteende. Een doodse stilte volgde.

9 De Grot

Geschrokken liep Mimoun samen met Kartscht terug naar de tempel. De muurschilderingen, die het verhaal van Lok Aam uitbeeldden, begreep hij nu veel beter. Hij had beloofd het verhaal door te vertellen. Nadat Mimoun alle afbeeldingen in zijn gedachten had opgenomen, was hij klaar voor vertrek. Hij rolde de kaart uit op de grond en zag dat de afstand tot de koning steeds kleiner werd. Toch voelde Mimoun dat zelf niet zo. Voor hem werd de afstand groter. Dat was vreemd. Mimoun stopte de kaart weg en klom op de rug van Kartscht. Samen vlogen ze verder.

Kartscht vloog zo hoog dat hij de wolken bijna kon raken. Mimoun rilde van de kou. Hij drukte zich dichter tegen Kartscht aan, om warm te worden. Kartscht vloog dwars door een wolk. Mimoun zag niets dan wit om zich heen. Hij voelde de kou in zijn gezicht snijden. Heel zijn lichaam begon te trillen. Kartscht ging iets lager vliegen. Wat Mimoun nu zag, was van een adembenemende schoonheid. Het uitzicht over de enorme bergen deed hem de kou even vergeten. Kartscht landde. Mimoun stapte boven op een indrukwekkende berg af. Voorzichtig liep hij naar waar de ronding van de berg ophield. Daar aangekomen verdwaalden zijn ogen in het uitzicht. De berg liep, vanaf het punt waar Mimoun stond, steil naar beneden. De diepte in kijken maakte Mimoun duizelig. Hij kon het dal niet zien. Zo hoog was de berg. Misschien is er ook geen dal en is dit wel het einde van de wereld, fantaseerde Mimoun.

Opeens hoorde Mimoun een steeds terugkerend gezoem. Hij keek goed om zich heen om te zien waar het geluid vandaan kwam, maar hij kon het niet ontdekken. Om beter te kunnen horen deed hij zijn ogen dicht. Het geluid kwam dichterbij en het was prettig om naar te luisteren. Hij voelde zich helemaal rustig worden. Mimoun was benieuwd waar hij zich nu bevond. Hij opende zijn ogen en pakte de kaart uit zijn hemd. Hij rolde hem voor zich uit en legde er steentjes op, zodat hij niet weggeblazen kon worden. Op de kaart zag hij opnieuw dat de koning heel dichtbij was, maar zelf voelde hij een nog grotere afstand.

Mimoun deed weer zijn ogen dicht en concentreerde zich op het gezoem. Het leek rechtstreeks uit het binnenste van zijn buik te komen. Maar vanwaar precies? Hij concentreerde zich nog beter. Toen werd het mistig en doemde er een grot op. Mimoun liep de grot in. Daar zag hij een man, die zat te mediteren. Zijn gezicht zag hij niet, omdat de man met de rug naar hem toe zat. Het gezoem weerkaatste tegen de wanden van de grot. De grot leek wel mee te zoemen. Het geluid vulde de hele ruimte. Had hij deze man niet eerder in zijn dromen gezien? Maar wie was deze in meditatie verzonken man ook alweer? vroeg hij zich af. Mimoun liep om de man heen. Hij wilde zijn gezicht zien. Telkens wanneer hij dat deed, draaide de man met hem mee en zag hij alleen zijn rug en zijn achterhoofd. Toen Mimoun voorzichtig op de rug wilde kloppen, loste de man op in het niets. Het gezoem werd sterker.

Mimoun was verrast dat de man er niet meer was. Het knaagde aan hem dat hij niet wist wie hij was. Het liefst zou hij de grot willen vragen wie hij was. Snel pakte hij het drankje van zijn middel en nam een grote slok. Hij richtte zich tot de grot en vroeg: 'Wie was die man van daarnet?' Het gezoem hield meteen op. De wanden van de grot leken op hem af te komen. Mimoun voelde zijn hart sneller kloppen. Maar de grot zweeg als het graf. Mimoun hoorde tenminste niets. Misschien moest hij nog een slok van de drank nemen? Net toen hij het flesje weer voor zijn mond hield, verscheen er een bundel fel licht voor hem. Midden in de grot. Snel stopte Mimoun het flesje terug. Hoewel hij alleen de omtrek van een zwevende man zag, wist hij nu zeker wie die mediterende man was. De grot had gesproken. Opgelucht liep hij naar buiten.

10 De Sleutel

Mimoun pakte met zijn linkerhand de kaart van de grond en rolde hem op zijn schoot weer uit. De koning leek op de kaart erg dichtbij te komen. Toch voelde hij de afstand nog nooit zo groot als nu. Hij rolde de kaart opnieuw op, stond op, keek naar Kartscht, deed een stap terug en gooide de kaart met zijn rechterhand, zo ver als hij kon, het ravijn in. Hij had de kaart niet meer nodig. Hij moest de weg van zijn hart volgen. Hetzelfde deed hij met het flesje. 'Geen enkel drankje kan beter spreken dan je hart', zei Mimoun tegen Kartscht. Kartscht lachte hem toe. Mimoun klom met glinsterende ogen op de rug van Kartscht. Samen vlogen ze terug naar Zyad en Sahra.

De mist was weggetrokken toen Kartscht over het ravijn vloog. Mimoun zag zijn kaart langzaam maar zeker zigzaggend naar beneden dwarrelen. Hij wist niet of hij het goed zag, maar de kaart was niet meer zwart, maar wit. Het flesje zag hij niet meer. Vermoedelijk lag dat al op de bodem van het dal. Mimoun voelde zich zo vrij op de rug van Kartscht dat hij zijn armen uitstrekte alsof hij zelf ook kon vliegen. Ze vlogen eerst over de bergen en de oceaan. Toen over de tempel. Daarna over de woestijn. Via de oceaan vlogen ze over het eiland met het meer. Ten slotte kwamen ze aan bij de piramides. Daar zag hij Zyad en Sahra op hen wachten. Kartscht vloog naar hen toe. Toen ze beneden aankwamen, omhelsde Mimoun hen vol blijdschap.

Zyad vroeg: 'Wanneer wist je dat de koning, die jij zocht, niet echt bestond, maar slechts in jouw verbeelding?' Mimoun haalde heel diep adem en zei: 'Toen ik op de top van de berg stond. Ik besefte dat ikzelf een besluit moest nemen over mijn terugkeer naar mijn wereld.' Sahra vroeg: 'En geef je toestemming aan jezelf om terug te gaan of blijf je hier?' Zo zeker als hij was in het begin van de reis, zo aarzelend gaf hij nu antwoord: 'Ja, ik wil weer terug, omdat ik denk dat ik nog veel kan doen in mijn wereld.' Zyad en Sahra zagen dat hij de kaart en het flesje niet meer bij zich had en knikten instemmend naar elkaar. Mimoun zei: 'Sorry dat ik de kaart en het flesje niet meer bij me ...' Sahra legde haar vinger op zijn mond en zei: 'Goed dat je ze weg hebt gegooid. Je hebt ze niet meer nodig.' Zyad voegde eraan toe: 'Laat eerst je hart spreken en dan je verstand oordelen. Zo heb je altijd je kompas bij je.' Mimoun was klaar om terug te gaan. Deze keer nam hij wat langer afscheid van Sahra en Zyad. Hij wist zeker dat hij ze weer terug zou zien. Als de tijd daar rijp voor was. Sahra zei: 'Jouw tijd komt wel, maar wacht niet af als je adviezen kunt gebruiken. Je kunt je ons dan altijd voor de geest halen.' Hij bedankte ze nogmaals heel hartelijk en zei: 'Dat zal ik beslist doen. En mocht ik iets bijzonders vieren, dan zijn jullie van harte welkom!' Zyad en Sahra glimlachten naar Mimoun. Daarop veegde hij zijn tranen van zijn wangen en klom op Kartscht.

Dit was de laatste keer dat Kartscht hem zou begeleiden. Hij hield zich stevig vast toen Kartscht pijlsnel de tunnel naar de wortels van de boom in vloog. Door de enorme snelheid kon Mimoun niet meer omkijken naar Sahra en Zyad. Eigenlijk hoefde dat niet, want zij waren nu voor altijd in zijn gedachten aanwezig. In de tunnel maakte Kartscht weer dezelfde scherpe bochten zowel naar links als naar rechts. Alleen rolde Mimoun nu niet steeds van de ene naar de andere kant, maar veerde hij soepel mee. Toen hij de plek zag waar hij voor het eerst contact had gehad met Kartscht, kreeg hij weer de kriebels. Kartscht landde en liet Mimoun van zijn vleugels af glijden. Mimoun wilde nog wat zeggen tegen Kartscht, maar kon de juiste woorden niet vinden. Zonder hem zou hij het nooit gehaald hebben. Kartscht was zijn held. Alsof Kartscht het had begrepen, fluisterde hij mooie woorden in zijn gedachten. Mimoun omhelsde Kartscht. Daarop pakte Kartscht het scherpe mesje dat Mimoun nog bij zich had. Kartscht bracht het voorzichtig naar het hoofd van Mimoun en sneed een lok haar af. Daarna pakte Kartscht zijn eigen haar en sneed er een stuk van af. Kartscht gaf zijn lok aan hem. Mimoun stopte de lok in zijn hemd.

Kartscht maakte zich klaar voor de terugreis. Hij strekte zijn vleugels uit en riep heel hard: 'Kaaaartsscht ...' Mimoun antwoordde: 'Kartscht, voor altijd, mijn vriend.' Daarna vloog Kartscht de tunnel in en liet Mimoun achter. Mimoun keek hoe Kartscht in het licht verdween en luisterde hoe zijn geluid langzaam wegstierf. Hij nestelde zich weer tussen de wortels van de boom. Hij dacht terug aan de leuke momenten met Kartscht, maar ook aan de momenten dat Kartscht hem had gered. Zijn leven had tijdens de reis soms aan een zijden draadje gehangen. De zoektocht naar de koning had hem niet alleen nieuwe inzichten gegeven, maar ook nieuwe vrienden bezorgd. Flarden van beelden van wat hij had meegemaakt, passeerden zijn geest. Allemaal waren ze heel bijzonder geweest. Hij had zijn angsten overwonnen. Openheid voor alles om zich heen was de sleutel tot zijn kennis. Met deze sleutel kon hij vanaf nu alle andere werelden openen. Nog even en hij was weer terug. Dan zou hij weer ontwaken. Onder die boom. De zon zou nog steeds fel schijnen. Op deze broeierige dag zou hij dezelfde krekels weer horen. Maar deze keer zou hij niet denken dat ze een zonnesteek hadden opgelopen. Alsof er niks gebeurd was, zou hij opstaan en zijn ouders, broers, zussen en vrienden terugzien. Met de lok van Kartscht in zijn hand, als herinnering aan zijn grote reis.

Bijlage 2 Mendjisky laat de skyline van de grote stad op zijn grondvesten trillen

De dynamiek van de stad is duidelijk voelbaar in de indrukwekkende fotografische collages van Serge Mendjisky (1929). De in Parijs geboren kunstenaar creëert met zijn werk een nieuwe visie op het straatbeeld van bekende wereldsteden. New York, Londen, Parijs en Casablanca zijn daarbij duidelijk favoriet. In horizontale golven dansen de voetgangers, gebouwen en auto's ritmisch op en neer over het doek. Maar ze lijken ook van voor naar achter te bewegen. De nu tachtigjarige Mendjisky bereikt dit effect door verticaal gesneden fotofragmenten naast elkaar te plaatsen.

De kunstenaar laat de verschillende fotorepen qua beeld echter niet op elkaar aansluiten. Hij plaatst ze hoger of lager, zodat het beeld verspringt. Ook gebruikt hij beeldelementen in veelvoud en verspreidt hij objecten over het oppervlak die vanuit verschillende perspectieven zijn gefotografeerd. Zo creëert hij beweging en, zoals de kubisten dat deden, een driedimensionaal beeld van de wereld.

Er ontstaan niet alleen nieuwe gewaarwordingen van tijd en ruimte, maar ook van licht. De lichtweerkaatsing van de in kubussen gevangen wolkenpartijen boven de stad en boven de torenhoge gebouwen is vooral in de zwart-wituitvoeringen subliem. De composities van Mendjisky laten de skyline van de grote stad op zijn grondvesten trillen. De stad is een nieuw landschap geworden dat de zin van onze waarnemingen in twijfel trekt. Het is een weerspiegeling van de vibrerende cadans van de grote stad. Als een wervelwind omsluiten de beelden de toeschouwer en voeren hem mee naar de jachtige stadse jungle.

Bij het zien van Mendjisky's recente werk is het moeilijk voor te stellen dat deze bijzondere kunstenaar tot het begin van deze eeuw nog pointillistische schilderijen maakte. Als zoon van de Parijse School-schilder Maurice Mendjisky kreeg hij het schilderen met de paplepel ingegoten. Serge Mendjisky is een succesvol schilder die blijft zoeken naar nieuwe expressievormen. Mendjisky maakte als voorstudie bij het schilderen gebruik van fotografie en kreeg zo de techniek van het medium goed onder de knie.

Hij werd geïnspireerd door beroemde kunstenaars die hij leerde kennen in de kunstenaarskring van zijn vader. Pablo Picasso vertelde hem eens dat het kubisme optimaal tot zijn recht zou komen door middel van de fotografie. Met deze uitdaging is Mendjisky negen jaar geleden een nieuwe weg ingeslagen. Het werk van Serge Mendjisky bevindt zich in particuliere en openbare collecties, zoals in het Museum voor Moderne Kunst in Parijs, het Philadelphia Museum of Art en het Pushkin Museum of Fine Art in Moskou.

Drs. Raquel Azghari

Literatuur

Azghari, Youssef (2007). *Cultuurbepaalde communicatie. Waarden en belangen van passieve en actieve culturen.* Den Haag: Boom Lemma uitgevers.

Azghari, Youssef (2009). *Aan de slag met diversiteit. Effectief communiceren met verschillende culturen.* Den Haag: Boom Lemma uitgevers.

Azghari, Youssef (2011). *Mijn Jihad. Waarom de westerse waarden niet botsen met de islam.* Almere: Uitgeverij Parthenon.

Azghari, Youssef en andere winnaars van de El Hizjra Literatuurprijs (2011). *Passie voor vrijheid.* Amsterdam: Van Gennep.

Beem, Matthijs van e.a. (2009). *Diversiteit in het jeugdbeleid: onderzoeksrapportage.* Fontys Hogeschool Pedagogiek.

Bono, Edward de (2002). *Zes denkende hoofddeksels.* Amsterdam: Uitgeverij Business Contact.

Delnooz, Paul (2008). *Onderwijs, onderzoek en de kunst van het creatieve denken.* Proefschrift Universiteit van Tilburg.

Dols, Rozemarijn en Gouwens, Josine (2009). *50 werkvormen voor creatieve sessies.* Culemborg: Van Duuren Management.

Gaspersz, Jeff (2003). *Anders denken, nieuwe kansen. Praktische tips en oefeningen voor kansrijk werken en leven.* Utrecht: Het Spectrum.

Geenen, Marie-José (2010). *Reflecteren. Leren van je ervaringen als sociale professional.* Bussum: Uitgeverij Coutinho.

Gnodde, Esther (2003). *Ontwikkel je creativiteit.* Blaricum: Andromeda.

Graaf, Rob de (2011). *Programma Diversiteit in het Jeugdbeleid. Tussenevaluatie. Rapportage.* Zoetermeer: De Graaf strategie- & beleidsadvies B.V.

Heijen, Hein en Slaats, Irene (2009). *Professioneel hulpverlenen. De gespreksmethodiek.* Assen: Koninklijke Van Gorcum.

Lamme, Victor (2010). *De vrije wil bestaat niet.* Amsterdam: Bert Bakker.

Lanier, Sarah A. (2007). *Foreign to familiar. A Guide to Understanding Hot-and Cold-Climate Cultures.* Hagerstown, MD: McDougal Publishing.

Mathijsen, I.C.H. (2006). *Denken en handelen van docenten.* Proefschrift Universiteit Utrecht.

Mayfield, Marlys (2010). *Thinking for yourself. Developing Critical Thinking Skills Through Reading and Writing.* Boston, MT: Wadsworth.

Meador, Karen Sue Wilson (1997). *Creative thinking and Problem Solving for Young Learners.* Portsmouth, NH: Green Wood Publishing Group.

Minsky, Marvin (1986). *The society of mind.* New York, NY: Simon & Schuster.

Minsky, Marvin (2006). *The Emotion Machine: Commonsense Thinking, Artificial Intelligence, and the Future of the Human Mind.* New York, NY: Simon & Schuster.

Mol, Justine (2007). *De giraf en de jakhals in ons. Over geweldloos communiceren.* Amsterdam: Uitgeverij SWP.

Naber, Pauline (2011). *Kenniswerkplaats Tienplus. Opleiden en professionaliseren in diversiteit en opvoeding.* Utrecht: Verwey-Jonker instituut.

Nijenhuis, Jan te (2007). Het amateuristische gestuntel van Howard Gardner. *Talent,* 9(5) pp. 34-36.

Okpara, Friday (2007). The Value of Creativity and Innovation in Entrepreneurship. *Journal of Asia Entrepreneurship and Sustainability,* volume III, issue 2, September.

Page, Scott E. (2007). *The Difference; How the Power of Diversity Creates Better Groups, Firms, Schools, and Societies.* Princeton, NJ: Princeton University Press.

Robinson, Ken (2011). *Out of our Minds. Learning to be Creative.* West Sussex, UK: Capstone Publishing Ltd (a Wiley Company).

Robert, Harris (1998). *Introduction to Creative Thinking.* http://www.virtualsalt.com/crebook1.htm

Saint-Exupéry, Antoine de (1945). *Le Petit Prince*, vertaald als *De Kleine Prins* door Laetitia de Beaufort-van Hamel (15e druk, 2010). Rotterdam: Uitgeversmaatschappij Ad. Donker bv.

Savornin Lohman, J. de (2008). *In de frontlinie tussen hulp en recht.* Bussum: Uitgeverij Coutinho.

Sternberg, Robert J. (ed.) (1988). *The nature of Creativity. Contemporary psychological perspectives.* Cambridge, UK: Cambridge University Press.

Swaab, Dick (2010). *Wij zijn ons brein.* Amsterdam/Antwerpen: Uitgeverij Contact.

Trompenaars, Fons en Hampden-Turner, Charles (1998). *Riding the Waves of Culture; Understanding Diversity in Global Business.* New York, NY: McGraw-Hill.
Verheij, Theo (2008). *Een paar gedachten over afscheid.* Den Haag: Buddy Netwerk.
Wilber, Ken (2006). *Introduction to the Integral Approach (and the AQAL Map).* http://www.kenwilber.com/writings/read_pdf/34
http://www.dj-brabant.nl/
http://www.radio1.nl/contents/27931-youssef-azghari-schilt-een-appeltje-met-dick-swaab-over-wij-zijn-ons-brein